7・8月 保育の展開

- 【七夕】七夕祭りでお星さまにお願い …………………… 82
- 【夏祭り】情緒あふれる夏祭りを楽しむ ………………… 83
- 【健康・安全】プールの安全対策はしっかりと ………… 84
- 【虫探し】かぶとむし 見〜つけた!! ……………………… 85
- 【栽培】野菜を育てて食べよう …………………………… 86
- 【食育】3色の栄養素を知ろう …………………………… 87

9月

- 保育のポイント ……… 88
- 月案 ……… 90　●週案 ……… 92　●日案 ……… 94

10月

- 保育のポイント ……… 96
- 月案 ……… 98　●週案 ……… 100　●日案 ……… 102

11月

- 保育のポイント ……… 104
- 月案 ……… 106　●週案 ……… 108　●日案 ……… 110

12月

- 保育のポイント ……… 112
- 月案 ……… 114　●週案 ……… 116　●日案 ……… 118

9・10・11・12月 保育の展開

- 【親子遠足】大型バスに乗って、動物園に行こう!! ……… 120
- 【運動会】かけっこ楽しいな ……………………………… 121
- 【健康・安全】夏休み明けは生活習慣の見直しを ……… 122
- 【健康・安全】乾布摩擦で丈夫な体に …………………… 123
- 【敬老の日】おじいちゃん、おばあちゃんに手紙を書こう! … 124
- 【粘土遊び】手をたくさん使って粘土遊び ……………… 125
- 【作品展】自分の顔を描こう ……………………………… 126

1月

- 保育のポイント ……… 128
- 月案 ……… 130　●週案 ……… 132　●日案 ……… 134

2月

- 保育のポイント ……… 136
- 月案 ……… 138　●週案 ……… 140　●日案 ……… 142

3月

- 保育のポイント ……… 144
- 月案 ……… 146　●週案 ……… 148　●日案 ……… 150

1・2・3月 保育の展開

- 【餅つき】つきたてのお餅、おいしいね ………………… 152
- 【発表会】『三びきのこぶた』で劇遊び ………………… 153
- 【健康・安全】冬の健康管理 ……………………………… 154
- 【誕生会】みんなでつくるお誕生会 ……………………… 156
- 【異年齢交流】お兄さん、お姉さんと遊ぼう …………… 158
- 【お別れ会】年長さんともうすぐお別れ ………………… 159

要領・指針の改訂（定）と指導計画

ここは押さえよう！ 改訂（定）のキーポイント

國學院大學 人間開発学部子ども支援学科 教授　神長美津子
（文部科学省中央教育審議会幼児教育部会 主査代理）

平成29年3月31日に、「幼稚園教育要領」（以下、教育要領）、「保育所保育指針」（以下、保育指針）、「幼保連携型認定こども園教育・保育要領」（以下、教育・保育要領）が改訂（定）・告示されました。この改訂（定）における大きな改善点は、満3歳以上の幼児教育については、教育要領、保育指針、教育・保育要領とも共通に考え、いずれの施設においても、質の高い幼児教育を保障することに努めることを示したことです。以下、3つの法令の改訂（定）されたポイントを見ていきましょう。

幼稚園教育要領の改訂ポイント

point 1　幼児教育で育みたい「資質・能力」の明示

同時期に改訂された新しい「学習指導要領」等では、幼児教育から高等学校教育までを通じて育成すべき資質・能力の3つの柱として、

① 生きて働く「知識、技能」の習得
② 未知の状況にも対応できる「思考力、判断力、表現力等」の育成
③ 学びを人生や社会に生かそうとする「学びに向かう力、人間性等」の涵養（かんよう）

を明確にしています。

それを受けて、幼児教育において育みたい資質・能力は、次のように明示されました。

（1）知識及び技能の基礎
　　遊びや生活のなかで豊かな体験を通じて、感じたり、気づいたり、わかったり、できるようになったりする。
（2）思考力、判断力、表現力等の基礎
　　気づいたことやできるようになったことを使いながら、考えたり、試したり、工夫したり、表現したりする。

（3）学びに向かう力、人間性等
　　心情、意欲、態度が育つなかでよりよい生活を営もうとする。

各園で教育課程を編成する際には、幼児教育において育みたい資質・能力について、もう少し具体的な「幼児の姿」でおさえることが必要になります。

point 2　「幼児期の終わりまでに育ってほしい姿」（10項目）の明確化

「高等学校を卒業する段階で身につけておくべき力は何か」という全体像から、幼児教育段階では、「幼児期の終わりまでに育ってほしい姿」が次の10項目に示されました。

（1）健康な心と体
（2）自立心
（3）協同性
（4）道徳性・規範意識の芽生え
（5）社会生活との関わり
（6）思考力の芽生え
（7）自然との関わり・生命尊重
（8）数量や図形、標識や文字などへの関心・感覚

〈幼児期の終わりまでに育ってほしい姿〉

| 健康な心と体 | 自立心 | 協同性 | 道徳性・規範意識の芽生え | 社会生活との関わり |
| 思考力の芽生え | 自然との関わり・生命尊重 | 数量や図形、標識や文字などへの関心・感覚 | 言葉による伝え合い | 豊かな感性と表現 |

(9) 言葉による伝え合い
(10) 豊かな感性と表現

　ここには、5領域に基づいて教育課程を編成し、総合的に指導することを通して育まれる幼稚園修了時の幼児の具体的な姿・方向性が示されています。教職員が保育を計画し、指導・実践する際に、参考とするものです。

point 3 幼児教育の「見方・考え方」の確認

　小学校以上の教育では、それぞれの教科で重視する固有の「見方・考え方」がありますが、幼児教育において重視する「見方・考え方」は、幼児が身近な環境と主体的に関わり、心動かされる体験を重ねるなかで、環境との関わり方や意味に気づき、これらを取り込もうとして、試行錯誤したり、いろいろ考えたりすることです。こうした「見方・考え方」を幼稚園教育の基本のなかで確認し、環境の構成や援助を工夫することを促しています。

point 4 カリキュラム・マネジメントの確立

　質の高い教育及び保育を提供していくためには、幼児期に育みたい資質・能力を園目標として、その実現に向けたカリキュラムと園運営のマネジメントを関連付けながら改善・充実させていくことが必要です。
　そのためには、各教職員は、カリキュラムが目指す方向を踏まえて日々の実践を重ねるとともに、実践後の話し合いからカリキュラムの評価・改善という循環の過程を共有することが大切です。この場合、改めてカリキュラムの評価・改善のための園内研修を設ける場合もありますが、日頃から園内において実践を語り合う雰囲気を大事にし、各園の課題を教職員間で共有することも必要です。

　「カリキュラム・マネジメント」は、園長や主任だけでするのではなく、教職員一人ひとりが、当事者意識をもって臨むことが必要なのです。そのことは同時に、各担任が、発達の見通しと広い視野をもっての実践を展開することにつながっていきます。教科書がない幼児教育においては、「カリキュラム・マネジメント」に参画するなかで、子どもたちの発達の過程を確認したり、園環境を見直したりして、保育実践力を向上させていくことが重要なのです。

point 5 幼児理解に基づく「評価」の実施

　幼稚園教育では、これまで幼児一人ひとりのよさや可能性を把握して、幼児理解に基づく評価を実施してきました。このように、小学校以上の評価の仕方と異なる幼児期の教育における評価の考え方を、今回改めて教育要領のなかで示しています。これは、資質・能力を育むということを幼児教育から高等学校教育まで一貫して行っていくにあたり、教育の展開は、それぞれの学校段階により異なることを示しています。

point 6 特別な支援が必要な幼児への指導

　障害のある幼児や海外から帰国した幼児等の幼稚園生活への適応など、特別な配慮を必要とする幼児への指導の充実を図っています。

point 7 現代的な諸課題に沿った改善・充実

　今回の改訂では、資質・能力の3つの柱に沿って教育内容の見直しを図るとともに、近年の子どもの育ちに関わる環境等の変化による現代的な諸課題に沿って、教育内容の

改善・充実を図っています。

　例えば、領域「健康」では「多様な動きを経験する中で、体の動きを調整するようにすること」、領域「人間関係」では「諦めずにやり遂げることの達成感や、前向きな見通しをもって自分の力で行うことの充実感を味わうことができる」、領域「環境」では「わらべうたや我が国の伝統的な遊びに親しんだり、異なる文化に触れる」、領域「言葉」では「言葉の響きやリズム、新しい言葉や表現などに触れ、これらを使う楽しさを味わえるようにすること」、領域「表現」では「(豊かな感性を養う際に、)風の音や雨の音、身近にある草や花の形や色など自然の中にある音、形、色などに気付くようにすること」などがあります。

　また、思いやりや忍耐力といった非認知的能力を育むことの重要性も、注目されています。

保育所保育指針の改定ポイント

point 1 保育所保育における幼児教育の積極的な位置づけ

　保育所保育も幼児教育の重要な一翼を担っていることから、3歳以上児の教育部分は教育要領等と同様に、幼児教育を行う施設として育みたい資質・能力、幼児期の終わりまでに育ってほしい姿（10項目）を示し、小学校との円滑な接続を図っていきます。また、「全体的な計画」の作成、保育における「評価」の在り方などについても充実が図られています。

　これらについては、前項目「幼稚園教育要領の改訂ポイント」を参照してください。

point 2 乳児、1〜3歳未満児の保育に関する記載の充実

　乳児や1・2歳の時期の重要性や、近年の0〜2歳児の保育所等の利用率の上昇などを踏まえ、3歳以上児とは別の項目を設けるなど、記載内容の充実を図っています。特に、発達の特性と併せて保育内容を示すとともに、養護の

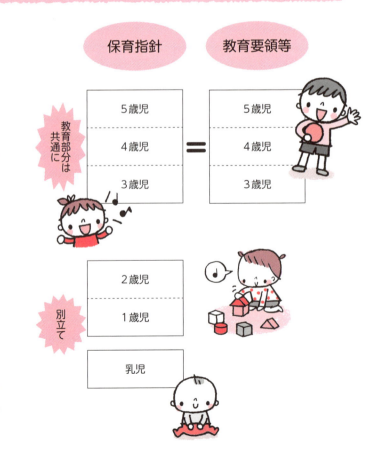

理念を総則で重点的に示しています。

point 3 「健康及び安全」に関する内容の充実

子どもの育ちをめぐる環境の変化を踏まえ、「食育の推進」や「事故防止及び安全対策」など、「健康及び安全」の内容について、改善・充実を図っています。

point 4 保護者・家庭および地域と連携した「子育て支援」の必要性を明示

保護者と連携して子どもの成長を支えるという視点を明確にし、「保護者が子どもの成長に気付き子育ての喜びを感じられるように努めること」「保育の活動に対する保護者の積極的な参加は、保護者の子育てを自ら実践する力の向上に寄与することから、これを促すこと」など、子どもの育ちを保護者とともに喜び合うことを重視しています。

また、保育者が行う地域における子育て支援の役割が重要になっていることから、「保護者に対する支援」の章を「子育て支援」と改め、内容の充実を図っています。

point 5 保育士の資質・専門性の向上

職員の資質・専門性の向上について、「研修の実施体制等」の項目が新たに加わり、保育士のキャリアパスの明確化を見据えた研修の機会の充実が示されています。また、組織内での研修成果の活用として、「保育所における保育の課題を理解し、その解決を実践できる力を身に付けること」を挙げ、研修の成果を保育の改善に結びつけていくことの必要性を示しています。

幼保連携型認定こども園教育・保育要領の改訂ポイント

教育・保育要領は、平成27年4月に施行されたばかりなので、今回の改訂では、基本的構成は維持しつつも、教育要領と保育指針の改訂（定）の方向性との整合性を取りながら、内容の充実が図られました。

3歳以上の教育部分は教育要領と、乳児と1・2歳児は保育指針と同様ですので、そちらを参照してください。認定こども園独自の改訂内容は、概ね次の2項目です。

point 1 幼保連携型認定こども園として特に配慮すべき事項の充実

基本的内容は維持しつつ、在園時間や日数が異なる多様な園児がいることへの配慮として、3歳児から集団経験の異なる多様な園児が入園してくるため、「家庭や他の保育施設等との連携や引継ぎを円滑に行うとともに、環境の工夫をすること」「満3歳以上の園児同士が共に育ち、学び合いながら、豊かな体験を積み重ねることができるよう工夫をすること」「子育ての支援を推進する」ことを示しています。

point 2 「健康及び安全」「子育ての支援」を新たに章立て

子育ての支援の充実、災害に対する危機管理等の今日的課題を受けて、新たに章を起こし、内容の充実を図りました。

「指導計画」とは何か

指導計画は、保育者による"愛情の計画"

國學院大學 人間開発学部子ども支援学科 教授　神長美津子
(文部科学省中央教育審議会幼児教育部会 主査代理)

　「指導計画」は、園の「教育課程」や「全体的な計画」の実施にあたって、幼児の生活する姿を考慮して、各発達の時期にふさわしい生活を展開し、そこで幼児が発達に必要な経験が得られるようにするために作成するものであり、幼児理解に基づく発達の理解から指導の手がかりを得て、保育の内容や方法を具体化するものです。

 行き当たりばったりでは、「保育」ではない

　集団で営む園生活のなかで、一人ひとりの発達を保障していくためには、発達の見通しをもって計画的に保育を進めていくことが必要です。もし、指導計画がなかったらどうなるでしょうか。幼児が環境と関わって生み出す活動に任せていくわけですから、その時々は楽しい時間を過ごすことができるかもしれませんが、幼児一人ひとりについて、そうした体験を重ねて修了までに育てたいことを保障していくことは必ずしもできるわけではありません。行き当たりばったりでは、すべての幼児に発達を保障する「保育」はできないのです。

例えば、

○今週、仲間に入れるか入れないかのいざこざがよく起きていた。

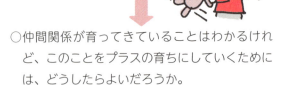

○仲間関係が育ってきていることはわかるけれど、このことをプラスの育ちにしていくためには、どうしたらよいだろうか。

○来週の週案には、いざこざを予測して、そのときの保育者の関わりをていねいに書いておこう。

というように、幼児の実態を分析しながら、保育者の関わりについて予め予測して週案を書いていくことが必要となります。
　また「初めて運動会に参加する3歳児が、それを楽しみにするためには、3週間前だけれど、どういう環境にしていったらよいだろうか」など、「教育課程」や「全体的な計画」を見通しながら、担任する幼児たちにとって実り多い園生活にするために準備をすることを、週案に書いてお

くことも必要です。こうした発達の見通しをもった指導計画を作成するからこそ、確実に幼児一人ひとりの発達を保障することができるのです。

 ### 目の前にいる幼児の姿から立案する

しかし、指導計画は、園の「教育課程」や「全体的な計画」に示す幼児の経験する内容を単純に具体化したものではありません。むしろ、指導計画の作成は、「教育課程」や「全体的な計画」の各発達の時期に示す幼児の経験する内容について、目の前の幼児が生活する姿を起点にして、どのようにしたらこれらの経験する内容を保障することができるのかを考えていくことと言えます。

そこには、いくつかの道筋が考えられますが、幼児の生活する姿と経験する内容を線で結ぶというよりは、いくつかの道筋が重なり相互に関連して面となって、各発達の時期に示す幼児が経験する内容を保障していくというイメージです。この意味で、指導計画作成は、幼児が生活する姿を中心にして、各発達の時期にふさわしい園生活をデザインしていくことにほかなりません。

 ### あくまで"仮説"であるので、反省・評価が必要

幼児期の教育では、その発達の特性を踏まえて適当な環境を構成し、幼児自らが周囲の物や人と関わりながら、発達に必要な経験を重ねていくことが大切です。

もし、周囲の環境が幼児の発達に応じたものでなかったり、保育者の関わりが適切なものでなかったりすると、幼児の興味や関心が引き起こされず、せっかく幼児が環境と関わって生み出した活動も、幼児の発達を促すものとはなりません。

幼児の主体的な活動を通して、幼児一人ひとりの発達を保障していくために指導計画はありますが、それはあくまでも"仮説"であることにも留意する必要があります。指導計画は、常に、幼児の活動に沿って反省・評価を重ねることが必要なのです。そこには、幼児一人ひとりの姿を見守る保育者のまなざしがあり、幼児一人ひとりのもつよさや可能性を最大限に引き出していこうとする保育者の願いが込められています。この意味で、指導計画は、保育者による"愛情の計画"と言えるのです。

「指導計画」立案の手順と留意点

目の前の子どもたちの姿からスタート

國學院大學 人間開発学部子ども支援学科 教授　神長美津子
（文部科学省中央教育審議会幼児教育部会 主査代理）

　保育終了後、保育室の片付けをしているときなどは、幼児たちの一日の姿をいろいろ思い出し、明日の保育をどうするかが心に浮かぶのではないでしょうか。しかし、いざ「日案」を立てようと机に向かうと、つい身構えてしまって、適切な言葉が見つからず、なかなか書けないということがしばしばあります。多様な活動が展開するなかで、保育の意図や保育者の行為を書き記すことが難しい「指導計画」ですが、あらためて手順とポイントを考えてみましょう。

短期の「指導計画」

step1　生活の姿から幼児の発達を理解する

　「日案」や「週案」などの短期の指導計画は、書き方は多少異なるところがあるかもしれませんが、基本は、保育者自身が日々の保育を振り返り、幼児の生活する姿から発達の理解を深め、それをもとに作成していく計画と言えます。

　「週案」であれば、前週の保育記録を読み直し、幼児の生活する姿を整理するとともに、保育者自身の指導を振り返ります。

　保育記録を整理する際、次のような視点に分けて整理すると、前々週からの変化する姿を捉えやすいので、発達の理解を深めることができます。

　①生活に取り組む姿
　　　基本的な生活習慣、生活のリズム、当番や帰りの会の様子など
　②遊びに取り組む姿
　　　興味や関心のもち方、遊び方など
　③人と関わる姿
　　　友達との関わり、保育者との関わり、集団のなかでの様子など

　また、一週間分の保育記録を読み直していると、その行間から、保育記録を書いているときには気づかなかった、幼児の思いとのズレや指導の問題に改めて気づくこともあります。こうした気づきも踏まえて、週の「ねらい」や「内容」、「環境構成」を考えていきます。

step2　「ねらい」や「内容」を設定する

　短期の指導計画で「ねらい」や「内容」を設定する際には、年間指導計画などで押さえているその園の幼児たちの発達の過程を参考にしますが、単純に年間指導計画を具体化するわけではありません。前週の週案の「ねらい」や「内容」がどのように達成されつつあるかなどの幼児の実態を捉え、それを発達の過程のなかに置きながら「ねらい」や「内容」を設定して、次のようにまとめていきます。

　○ねらい……発達の理解を深めながら、幼児が「実現したいと思っていることは何か」、つまり、発達しつつあるものを押さえる
　○内容………そのために保育者が指導し、幼児が経験していくことを押さえる

例えば、前週の保育記録には、幼児の姿として、幼児同士の遊びのイメージがすれ違ってトラブルを起こす姿がたびたび書かれていました。しかし、同時に友達を誘って遊びを楽しむ姿も書かれています。「友達といっしょに遊びたい」という気持ちが芽生えているものの、思いを伝え合うことは、まだうまくできていないようです。
　そこで、ねらいは、「遊びのイメージをもって、友達との遊びを楽しむ」としました。そのねらいを身につけていくために必要な経験としては、「友達に思いやイメージを伝えながら、遊びを進める」「友達の話を関心をもって聞く」を押さえました。
　「ねらい」の設定では、幼児が楽しむことを捉えています。「内容」では、幼児のもつ能動性を引き出しながら、発達に必要な経験を保障していくことを考えています。

前週の子どもの姿：遊びのイメージがすれ違ってトラブル　／　友達を誘って遊びを楽しむ姿も見られる

保育者の見立て
・いっしょに遊びたい気持ちが芽生えている
・思いを伝え合うことはうまくできていない

今週のねらいと内容
ねらい　・遊びのイメージをもって友達との遊びを楽しむ
内容　・思いやイメージを伝えながら遊びを進める
　　　・友達の話を関心をもって聞く

　幼児が実現したいと思っていることや楽しみを無視して一方的にねらいを設定しても、発達に必要な経験を得ることはできません。保育者の役割は、環境に関わって生み出されるさまざまな幼児の活動に沿って、発達に必要な経験が得られる状況をつくっていくことです。
　そのためには、育てたい方向を「ねらい」として見据え、活動のなかでの幼児の楽しみや経験していること、さらにより多くの幼児たちに経験してほしいことなどを「内容」として押さえます。そのことにより、指導の視点が明確になり、幼児一人ひとりの発達を保障する保育を展開することができます。

 step 3　予想される幼児の姿に沿って「環境の構成」を考える

次に「ねらい」や「内容」に沿って、物的・空間的「環境の構成」を考えていきます。

○日案の場合

日案であれば、その物的・空間的環境の構成のなかでの幼児一人ひとりの姿を思い浮かべてみます。積極的に関わる幼児がいる一方で、あまり興味を示さない幼児もいるでしょう。興味を示さない幼児にはどう対応しますか？　保育者が、楽しそうに設定された環境のなかで遊び始めたらどうかなどなど、予想される幼児の姿に沿って、具体的に環境の構成を考えていきます。

○週案の場合

週案の環境の構成は、日案の場合とは多少異なり、例えば、「友達と誘い合ってごっこ遊びを始めることができるよう、遊びに必要な物や必要な物を作る材料などを保育室の一角に並べて置いておく」など、「環境の構成のポイント」というような、ざっくりとした書き方かもしれません。

「環境の構成」を考える際、保育者の関わり方も記載するようにしましょう。例えば、友達とのトラブルが起きた際に「積極的に関わる」のか「少し距離を置いて見守る」のかにより、トラブル解決を通して幼児が経験することが異なります。また保育者が仲介する際、相手の思いやイメージに気づくためにはどのような話しかけ方がよいのかなど、トラブルの状況を予想しながら、具体的に書いておくようにしましょう。

 step 4　反省・評価から次の指導計画へ

幼児の生活や遊びに沿って綿密に立てた指導計画であっても、実際の保育の展開においては、保育者の予想とは異なる展開が生じることが、たびたびあります。幼児の思い

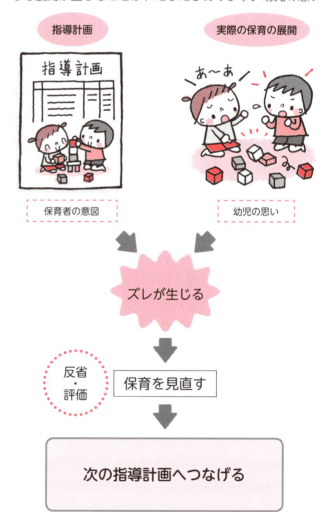

と保育者の意図との間にズレが生じるのです。ズレが生じることが問題ではなく、そのズレから保育を見直し、いかにして次の指導計画につなげていくかが問題です。このため、日々、保育記録を書き記しながら、反省・評価を重ねていくことが必要なのです。

また、週案や日案などの短期の指導計画の反省・評価は、通常は担任が個々に行うものですが、時には学年のケース会議や園内研修に取り上げながら、園の教育や保育を確認し、保育者一人ひとりの幼児を見る目や保育を構想する力を磨いていくことも必要です。

長期の「指導計画」

 step 5 短期の指導計画の反省・評価を重ねて、長期の指導計画へフィードバック

週案や日案などの短期の指導計画は、担任が、クラスの幼児の実態を捉えて作成しますが、その拠り所となるのは、「年間指導計画」などの長期の指導計画です。年間指導計画などの長期の指導計画は、幼稚園は「教育課程」に、保育所と認定こども園は「全体的な計画」に基づいて、園長のリーダーシップのもと、園全体の保育者で作成します。

「年間指導計画」は、その園の幼児の発達の過程を押さえたうえで、園行事や季節の変化などを盛り込み、幼児たちにとって潤いと変化のある楽しい園生活になることを願って作成します。

「年間指導計画」は、一度作成すると、しばらくそのままという園がしばしばあります。毎年、全面的に作り直す必要はありませんが、前年度の終了時には、保育者間で意見を交換しながら、年間指導計画の反省・評価をする必要があります。いわゆる、自己評価・自己点検です。

その際、大切にしたいことは、「幼児の発達の視点」です。特に、同じ園行事でも、学年によって、その園行事の幼児

にとっての意味は異なるので、園行事を通して幼児のなかに何を育てていくかを押さえ、そのうえでの反省・評価をすることが必要です。例えば、5歳児にとって、運動会は何度か経験してきているので、運動会に向かう気持ちをもつことができます。しかし、初めての運動会を体験する3歳児にとっては、「運動会のイメージ」がないので、練習も本番も、そして運動会が終わった後も、その時々を楽しんでいるのかもしれません。それぞれの視点から反省・評価をしていきましょう。

ある意味で、指導計画は"仮説"です。幼児一人ひとりの発達を保障するよりよい保育を求めて、その"仮説"を検証していきたいものです。

認定こども園における「指導計画の考え方」

多様性に応じた教育・保育をいかに組み立てるか

学校法人渡辺学園 港北幼稚園
認定こども園 ゆうゆうのもり幼保園　　園長　渡邉英則
（文部科学省中央教育審議会幼児教育部会委員）

認定こども園が考えるべき課題は何か

一人ひとりにどのような生活を保障できるか

　認定こども園では、一日の生活リズムや在園時間の異なる園児がともに生活します。指導計画を考えるうえで、基本となるのはあくまでも子どもの姿ですが、在園する時間によって、生活の場が変わったり、子どもの数が増減したり、担当する保育者も変わるなど、見えている子どもの姿がさまざまに異なってくるのが認定こども園です。家庭の状況も含め、さまざまな生活の仕方がある子どもに対して、認定こども園が一人ひとりの子どもたちにどのような生活を保障できるのかが、「認定こども園における指導計画」の重要な役割ともいえます。

　とはいえ、「認定こども園の指導計画」といっても、基本となる考え方は幼稚園や保育所と大きく変わるわけではありません。子どもの姿をどう捉え、一人ひとりの子どもの姿から、個々の子どもに即した保育を考えていくという基本は同じです。

　ただ、計画の前提となる一人ひとりの生活が、一日のなかで大きく異なっている子どもがいたり、また夏休み期間などの長期休暇中も、毎日のように園に来る子どももいれば、長期休暇の間ほとんど家庭で過ごす子どももいたりするなどします。

　生活の仕方が大きく異なる子どもたちがともに生活するなかで、どのように指導計画を作成していくかは、園の置かれている状況もそれぞれ異なるため、園全体で担当する保育者の配置や行事の在り方、連携の仕方なども工夫するなど、考えるべき課題が多くあることも考慮しなければなりません。

子どもの一日が豊かになるために何ができるか

　では、「認定こども園の指導計画」はどのように考えていけばいいでしょうか。基本になる考え方は、子どもの24時間の生活を見通したうえで、改めて子どもの生活に即して指導計画を考えてみることです。朝起きたときから夜寝るまで、子どもの一日の生活がより豊かになるために、認定こども園として何ができるのかというような発想が求められます。

　朝早く登園してくる子どもや、夜遅くまで園にいる子どもに対して、どのような保育を行えばいいのか、また、教育課程に係る教育時間だけで家庭に帰る子どもは、午後の時間に家庭や地域でどのような生活をしているのか、そこで保障されていた体験や経験は、教育課程に係る教育時間後の活動に入れ込む必要はないのかなど、子どもの過ごす時間や場に応じて、どのような教育・保育を行っていくかを組み立てていくのが、認定こども園における指導計画なのです。

♣ そこにあるさまざまな生活の刺激を、さらなる学びに

　改訂された「幼保連携型認定こども園教育・保育要領」でも、「教育及び保育の内容、並びに子育ての支援等に関する全体的な計画」に基づいて組織的かつ計画的に、各幼保連携型認定こども園の教育・保育活動の質の向上を図っていくという「カリキュラム・マネジメント」の重要性や、指導計画の作成上の留意事項のなかで、「主体的・対話的で深い学び」が実現するようにしながら幼保連携型認定こども園の生活が充実することが求められました。

　乳児も幼児も含め、さまざまな生活の仕方をする子どもに対して、一人ひとりが乳幼児期にふさわしい生活を展開し、必要な体験を得ていくことが必要です。

　特に在園する全ての子どもがいる教育課程に係る教育時間において、3歳児未満の生活や、教育課程に係る教育時間後に行う活動、さらには家庭や地域での体験や経験などがすべてお互いに刺激し合い、影響し合って、遊びの充実につながり、さらなる学びとなってより豊かな生活を築いていくような指導計画になっていくことが求められているのです。

認定こども園の指導計画作成上の留意事項

《年間計画》
先を見通して、計画を決めておく

　認定こども園では、その子その子の状況によって多様な生活の仕方になるため、保育者にとっても、また保護者にとっても、一年を見通した年間の計画を年度当初にきちんと決めておく必要があります。特に働いている保護者が参加する行事などは、年間を通して早めに知らせる必要があります。

　また、子どもの生活の質を高めていくためにも、おおよその時期に行うことが決まっている季節ごとの行事や栽培、地域との連携、家庭との連携なども、年間を通して考えておきます。

　避難訓練や誕生会など、年間を通して繰り返し行う行事などでは、そのやり方を年間の流れのなかで工夫してみることも大事です。また季節に合わせた遊びにも、あらかじめ必要な環境や教材などを事前に準備しておき、少し時期がずれて早めに始まったときにも対応できる配慮があると、慌てずに子どもと関わることができます。

　また、教育課程に係る教育時間後の活動においては、基本的に季節行事などは行わないため、子どもの生活にどのようなメリハリをつけていくか、年間を通した計画のなかでどのようなことに取り組もうとするのかもあらかじめ決めておくと、スムーズに活動を進めることができます。

《月案》
情報の共有は月単位の計画で

「月案」は、指導計画のなかでも、その時期ならではの子どもの育ちや変化を読み取ることに適している計画案だといえます。前月の子どもやクラスの姿をきちんと反省・評価したうえで、そこから該当する月の「ねらい」や「内容」を考えていきます。月単位で指導計画を考えることで、クラス全体を見通した子どもの育ちや、友達関係の変化などが見えてきます。

行事や日々の保育でどんな活動を取り入れるかなどの具体的な見通しを決めたり、職員同士の話し合い、準備のための日程などを決めたりしていくのも、「月案」が中心となります。給食のメニューなども月単位で決められるのが一般的でしょう。食育や健康・安全への配慮なども、月単位で大事にしたいことを確認しておきます。

認定こども園では、3歳未満児クラスとの連携や、教育課程に係る教育時間後に行う教育・保育との連携、配慮事項も、「月案」が中心となって打ち合わせが行われる場合が多くあります。手作りおやつの日や、季節によっては近くの公園に出かけるなどの計画も、教育課程に係る教育時間との関係のなかで決めておくとよいでしょう。認定こども園では特に、「月案」を中心に、園全体の動きが、どの学年の保育者にも共有されているような体制づくりが求められています。

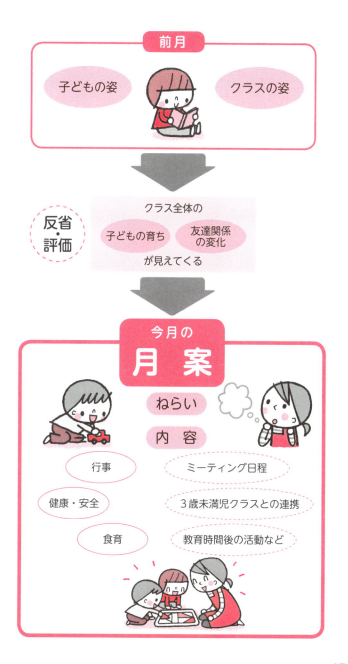

17

《週案》
保育の流れは週単位の計画で

　「週案」は、遊びの変化を見通すうえで、大事な指導計画といえます。前週のねらい、内容、環境の構成、保育者の援助などを振り返り、心に残ったいくつかの出来事やクラス全体を見通した共通の姿などから、「前週の子どもの姿」を記録し、前週の反省や評価をすることから、今週の「ねらい」や「内容」が決まり、「週案」を作成していきます。

　前週の遊びの様子を踏まえて、具体的な環境や保育者の援助を考えていくなかで、今週、どのように遊びやそこに関わる仲間関係などが変化するかが見えてきます。最近では、「子どもの育ったと思える姿」をドキュメンテーションとして、写真を中心とした記録に残す園も出てきました。週単位で遊びをていねいに見て援助していくことで、子どもが遊びのなかで、何を経験しているか、何に夢中になっているのか、どんなイメージや考えがあって遊びが変化していくのかなどが見えてきます。それを、「週案」を中心とした保育の記録として残していくことや保護者に発信していくことも大事になってきます。

　また、突発的な出来事や園行事などの余韻を味わう姿なども、「週案」のなかに具体的な子どもの姿として出てくるはずです。教育課程に係る教育時間後の活動との連携も、週案単位で連携が行われると、遊びや友達関係を引き継ぐ保育者にていねいに伝え合うことができるようになります。

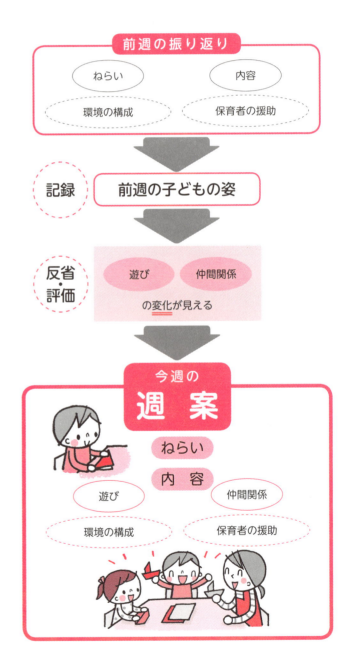

 《日案》
書くことで"見えてくるもの"がある

　「日案」は、より具体的な環境構成や保育者の援助などを明らかにするために、有効な指導計画です。クラスの実態をよりていねいにより詳しくわかろうとしたり、自分の保育を見直したりするためには、「日案」をきちんと書いてみると、見えてくることが多くあります。

　本来、指導計画の基本は、一人ひとりに対して書くことです。認定こども園であれば、多様な子どもがいるため、なおさら一人ひとりに応じた指導計画があるべきだといえます。ただ、実際には、そのような指導案を作成していくことは大変な作業で、不可能であることも確かです。クラス全体を見通した日案を作成するなかで、個々の子どもにふさわしい生活とはどのようなものであるかを考えてみてください。

　ただ、「日案」が特に大事になるのは、遊びが停滞していたり、配慮の必要な子どもや保育者がどのように関わっていいかわからない子どもへの対応を模索していたりするときであることも確かです。保育の基本に戻って、前日や前々日の子どもの様子を捉えたうえで、今日の「ねらい」や「内容」を決め、環境構成や保育者の援助を考えた日案を作成して保育に臨んでみると、見えてくることも多くあります。昨日から今日へのほんの少しの違いの積み重ねのなかで、子どもは育っていくからです。

　また、「日案」を踏まえた保育記録があると、のちに何らかのトラブルがあったときなどに、保育の様子を振り返るのに役立ちます。一日の流れのなかで、子どもがどの時間に生き生きしているのか、仲間関係に大きな変化があるのは、どのような活動のときなのかなど、教育課程に係る教育時間だけでなく、一日を見通した子どもの姿をどのように把握していくかも、認定こども園の日案としてとても大事な役割を果たすことになります。

本書の指導計画について

本書の指導計画は、執筆園の保育をモデル化したものです。指導計画立案などのご参考にされる際は、貴園の所在地域や子どもたちの実態に合わせて、ご使用ください。

1. 年間計画

園の教育課程等に基づき、子どもの発達過程を踏まえて、3歳児クラスの一年間で育てたい「子どもの姿」や保育の「ねらい」などを見通して作成しています。

○子どもの姿
子どもの発達過程と園の教育課程等を踏まえて、その時期によく見られる「子どもの姿」を示しています。

○年間目標
園の教育課程等を踏まえ、3歳児クラスの一年間で育てたい子どもの姿を念頭に、指導の方向性を目標として記載しています。

○「期」の分け方
指導計画執筆園の教育課程等に準じて、4期に分けています。

○CD-ROMの階層
付属CD-ROMに収録された、本ページのデータの階層を表しています。

○ねらい
子どもの姿を踏まえ、育てたい子どもの姿や保育の意図を、その期の「ねらい」として掲げています。
「ねらい」とその下の「内容」の欄は、保育者側の見方の参考として、養護面（◇）と教育面（◆）をマークで表示しています。

○内容
「ねらい」を達成するために、子どもたちに経験してほしい活動や遊びを挙げています。

○環境構成・援助
「内容」に掲げた事柄を子どもたちが経験するために必要な、保育者が行う「環境構成」や「援助のポイント」を記しています。

○子育て支援
家庭との連携を含めた「子育て支援」の、期ごとのポイントを挙げています。

○認定こども園等
認定こども園や保育園、幼稚園の預かり保育など、長時間保育の場において参考となる活動を記しています。

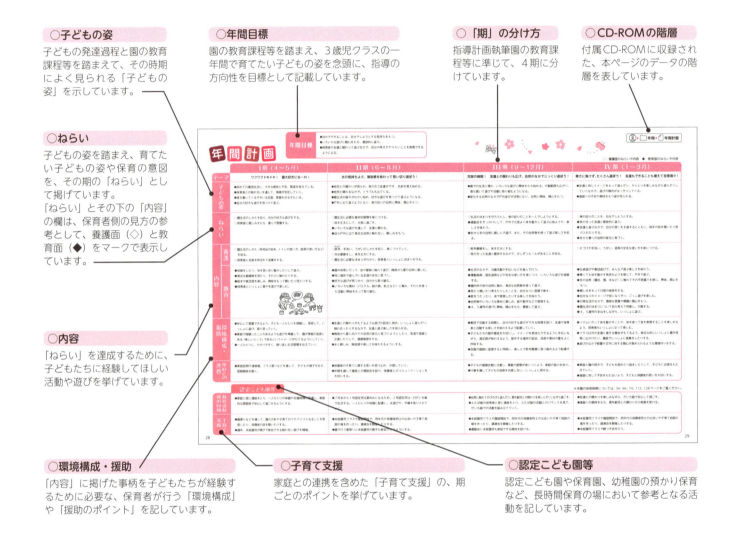

○掲載している「年間計画」の種類
上記の「（保育）年間計画」（28ページ）のほか、
- ◎「食育年間計画」（30ページ）
- ◎「保健年間計画」（32ページ）
- ◎「防災・安全年間計画」（33ページ）

を掲載しています。

2. 子どもの姿と保育のポイント

各月のトップページには、年間計画・子どもの発達過程・季節などを踏まえて、その月に見られる子どもの姿と、クラスを運営していく際のポイントをまとめています。このページで、その月の保育が概観できます。

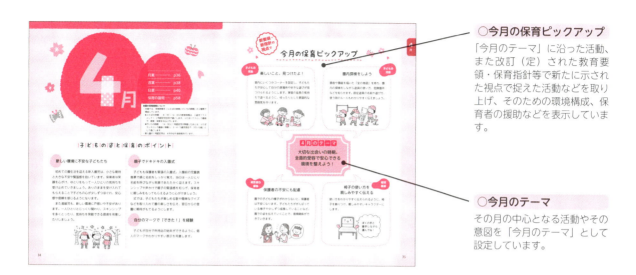

○今月の保育ピックアップ
「今月のテーマ」に沿った活動、また改訂（定）された教育要領・保育指針等で新たに示された視点で捉えた活動などを取り上げ、そのための環境構成、保育者の援助などを表示しています。

○今月のテーマ
その月の中心となる活動やその意図を「今月のテーマ」として設定しています。

3. 月案

年間計画の「期」を踏まえて、その月の3歳児クラスの子どもの姿を見通しながら、ひと月単位の計画にまとめて作成しています。

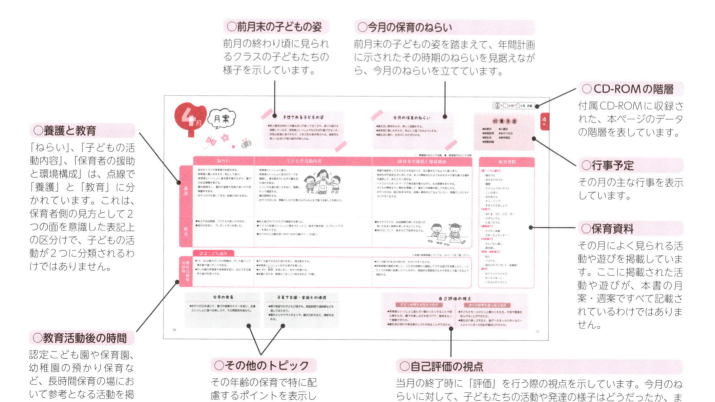

○前月末の子どもの姿
前月の終わり頃に見られるクラスの子どもたちの様子を示しています。

○今月の保育のねらい
前月末の子どもの姿を踏まえて、年間計画に示されたその時期のねらいを見据えながら、今月のねらいを立てています。

○CD-ROMの階層
付属CD-ROMに収録された、本ページのデータの階層を表しています。

○行事予定
その月の主な行事を表示しています。

○養護と教育
「ねらい」、「子どもの活動内容」、「保育者の援助と環境構成」は、点線で「養護」と「教育」に分かれています。これは、保育者側の見方として2つの面を意識した表記上の区分けで、子どもの活動が2つに分類されるわけではありません。

○保育資料
その月によく見られる活動や遊びを掲載しています。ここに掲載された活動や遊びが、本書の月案・週案ですべて記載されているわけではありません。

○教育活動後の時間
認定こども園や保育園、幼稚園の預かり保育など、長時間保育の場において参考となる活動を掲載しています。

○その他のトピック
その年齢の保育で特に配慮するポイントを表示しました。

○自己評価の視点
当月の終了時に「評価」を行う際の視点を示しています。今月のねらいに対して、子どもたちの活動や発達の様子はどうだったか、また自らの関わりは適切だったか、という2つの面から示しています。

21

4. 週案

月案で挙げられた「ねらい」や「活動内容」をもとに、第1週から第4週の流れに展開しています。

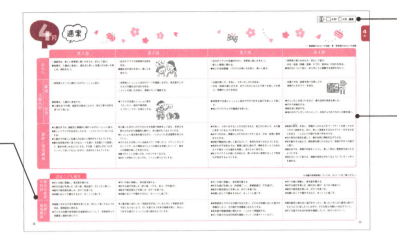

○ CD-ROMの階層
付属CD-ROMに収録された、本ページのデータの階層を表しています。

○ 教育活動後の時間
認定こども園や保育園、幼稚園の預かり保育など、長時間保育の場において参考となる活動と環境構成および保育者の援助を、この欄に掲載しています。

○ 養護と教育のマーク表示
「ねらい」と「活動内容」については、養護面を◇、教育面を◆と表示しています。これは、保育者が「ねらい」や「活動」を立案する際の、見方としての表記上の区分けで、子どもの活動が2つに分類されるわけではありません。

5. 日案

その月の、ある一日を日案の形に展開。一日の活動の流れを示しています。

○ 前日までの子どもの姿
前日までに見られるクラスの子どもたちの様子を示しています。

○ ねらい
月案や週案に示された「ねらい」や流れを踏まえて、前日までの「子どもの姿」を見据えながら、当日の「ねらい」を立てています。

○ CD-ROMの階層
付属CD-ROMに収録された、本ページのデータの階層を表しています。

○ 自己評価の視点
一日の終了時に「評価」を行う際の視点を示しています。日案で立てた「ねらい」に対して、子どもたちの活動の様子はどうだったか、また自らの関わりは適切だったか、という2つの面から示しています。

6. 保育の展開

その時期の園行事や季節の健康、安全、環境構成などに役立つヒントや資料を掲載しています。

22

本書付属の CD-ROMについて

本書付属のCD-ROMには、Excel形式のデータが収録されています。以下の事項に合意いただいたうえで、ご開封ください。

◆ 本書付属CD-ROMをお使いになる前に

【動作環境】
◎付属CD-ROMは、以下のOS、アプリケーションがインストールされているパソコンでご利用いただけます。
＜Windows＞
OS：Windows10、Windows 8、Windows 7
アプリケーション：Microsoft Office 2010 以降
＜Macintosh＞
OS：Mac OS10 X 10.8 以降
アプリケーション：Microsoft Office for Mac 2010 以降
◎付属CD-ROMをご使用いただくためには、お使いのパソコンにCD-ROMドライブ、またはCD-ROMを読み込めるDVD-ROMドライブが装備されている必要があります。

【使用上のご注意】
・付属CD-ROMに収録された指導計画のデータは、お使いのパソコン環境やアプリケーションのバージョンによっては、レイアウトなどが崩れる可能性があります。
・収録された指導計画のデータは、本書誌面と異なる場合があります。
・収録された指導計画のデータについての更新や、使い方などのサポートは行っておりません。
・パソコンやアプリケーションの操作方法については、お手持ちの使用説明書などをご覧ください。
・付属CD-ROMを使用して生じたデータ消失、ハードウェアの損傷、その他いかなる事態にも、弊社およびデータ作成者は一切の責任を負いません。

※Microsoft Windows、Microsoft Office Excel は、米国Microsoft Corporation の登録商標です。
※Macintosh は、米国 Apple Inc. の商標です。
※本書では、商標登録マークなどの表記は省略しています。

◆ CD-ROM 取り扱い上の注意

・付属のディスクは「CD-ROM」です。オーディオ用のプレイヤーでは再生しないでください。
・付属CD-ROMの裏面に汚れや傷をつけると、データが読み取れなくなる場合があります。取り扱いには十分ご注意ください。
・CD-ROMドライブに正しくセットしたのち、お手持ちのパソコンの操作方法に従ってください。CD-ROMドライブにCD-ROMを入れる際には、無理な力を加えないでください。トレイにCD-ROMを正しく載せなかったり、強い力で押し込んだりすると、CD-ROMドライブが破損するおそれがあります。その場合でも、弊社およびデータ作成者は、一切の補償はできません。

◆ 付属CD-ROMに収録されたデータの内容

・ページの上部に下記のようなCD-ROMのマークが付いているものは、付属CD-ROMにデータが収録されています。

・図のような順をたどっていくと、そのページのデータが収録されています。

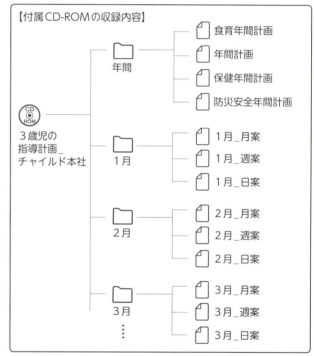

・お使いのパソコンの設定によっては、上図の順番で表示されない場合があります。
・付属CD-ROMに収録された指導計画のデータに、イラストは入っていません。

◆ CD-ROMに収録されている デジタルコンテンツの使用許諾と禁止事項

・本書付属のCD-ROMに収録されているデジタルコンテンツは、本書を購入された個人または法人が、その私的利用の範囲内においてお使いいただけます。
・本コンテンツを無断で複製して、第三者に販売・貸与・譲渡・頒布（インターネットを通じた提供も含む）することは、著作権法で固く禁じられています。
・本CD-ROMの図書館外への貸し出しを禁じます。

0〜5歳児 発達の姿を理解しよう

鈴木八重子 (元 文京区立保育園 園長)

援助は子どもの発達理解から

保育を行ううえで、「子どもの発達を理解すること」はとても大切です。保育者が子どもの発達の理解を深めることで、保育はよりよく展開されます。

例えば、子どものある部分を育てたいと考えたとき、子どもの育ちを知って初めて、子どもがどういった発達段階にあるのか、どう援助していくと目指すところに到達するのかを考え、保育を進めることができるのです。

遊びにおいて、子どもが興味をもち、おもしろがって自発的に遊ぶのは、その子の発達に見合った遊びです。集中できる遊びは、子ども自身の学びにつながります。危機管理の面でも、子どもの発達を知らなければ〈体験させてよいこと〉と〈止めるべきこと〉が判断できず、大事故につながりかねません。

つまり、発達を正しく理解することで、一人ひとりに合った目標と、そのためのスモールステップが明確になり、よりよい発達への援助が行えるのです。

遊びから得た達成感が生活の充実に

遊びは、子どもになくてはならない学びの場です。

自分でやってみて、失敗して考えて、再度挑戦してみるという繰り返しから、子どもはいろいろなことを学びます。自分で学んで獲得するのは時間がかかることですが、できるようになった達成感は、なにものにも代えがたいものです。その達成感こそが、子どもの成長過程において大きな自信につながります。自信をもつことで、また次の興味や関心を抱き、挑戦し、充実した生活を送ることにつながります。

保育者は、子どもの遊びと生活を保障し、安心して成長できる環境を提供する役割を担っているのです。

クラスの様子

0歳
- 飲む・寝る・遊ぶの安定したリズムで過ごす
- いろいろな味や形態、またスプーンに慣れる
- 探索活動が活発になる

1歳
- 好きな場所や遊びを見つけて安心する
- 友達を意識し始める
- 遊びの幅が広がる
- 着替えなどに興味をもつ

2歳
- 友達のまねをする
- 「イヤ！」「自分で！」と自己主張が出て、ぶつかることもある
- 身の回りのことを自分でしようとする
- パンツで過ごせる子もいる

3歳
- 新入園児と進級児に生活経験の差が大きい
- 周囲を見て「やりたい」気持ちが起きる
- いろいろなことに挑戦しようとする
- 自分なりに生活を見通す
- 基本的な生活習慣がほぼできる

4歳
- おもしろそう！ やってみたい！と、興味や関心が広がる
- 友達と思いがぶつかることもある
- 生活や遊びの決まりを守ろうとする
- クラスの活動を楽しむ
- 年長への期待感でいっぱいになる

5歳
- 年長としての自覚が芽生える
- 生活習慣が確立する
- 目的をもち、考えながら遊ぶ
- 子ども同士で話し合う力がつく
- クラスがまとまる
- 就学に向け、自分たちで見通しをもって生活を進める

運動機能	言語・認識	人間関係
●首が据わる ●寝返りをうつ ●はいはいをする ●つかまり立ちをする ●親指と人さし指でつまむ	●物をじっと見る ●声が出る ●喃語が出る ●指さしの先を追う ●興味のある場所へ移動する	●動く人を目で追う ●いないいないばあを喜ぶ ●意思を伝えたがるようになる ●人見知りが始まる ●指さしが多くなる
●伝い歩きをする ●ちぎる、破る、なぐり描きをする ●歩き始める ●しゃがむ ●手をついて階段を上る	●簡単な一語文が出る ●二語文が出る ●一人遊びをする ●要求を簡単な言葉で表現する ●絵本や紙芝居に興味をもつ	●大人のまねをする ●要望を動作で伝える ●友達と手をつなぐ ●名前を呼ばれると返事をする ●簡単な挨拶をする ●笑ったり泣いたりして、感情を表す
●体を方向転換させる ●しっかりと歩く ●走ったり、跳んだりする ●のりやはさみを使う ●全身を使って遊ぶ	●言葉への興味が広がる ●三語文が出始める ●少しの間待てる ●おしゃべりが盛んになる ●盛んに質問する ●見立て遊びを楽しむ	●いわゆるイヤイヤ期 ●「自分で！」と自己主張する ●友達のそばで同じ遊びをする ●見立てやごっこ遊びをする ●簡単なルールのある遊びをする ●相手の思いに気づく
●箸を使い始める ●ボタンをはめようとする ●はさみで連続切りをする ●片足跳びをする ●目標物に向かって走る	●自分の名字と名前を言う ●大小の区別がつく ●「なぜ？」と質問する ●数の理解が進む ●乱暴な言葉づかいをまねたり、反応を楽しんだりする	●一人遊びに没頭する姿が見られる ●友達と遊ぶようになる ●けんかを通じて思いやりの気持ちが芽生える ●友達を手伝おうとする ●仲間意識が高まる
●でんぐり返しをする ●ボールの扱いが上手になる ●同時に２つの動きをする ●午睡なしで過ごせる子もいる ●縄跳びで両足跳びをする	●善悪の判断がつく ●靴の左右を正しく履く ●生活時間の理解が進む ●伝聞ができる ●文字や数へ興味が出る ●絵本やお話のイメージを広げて楽しむ	●遊びによっては特定の友達と遊びたがる ●思いやりの心が育つ ●競争心が芽生える ●自我が確立する ●約束やルールがわかり守ろうとする
●箸を使いこなす ●自分で衣服の調節を行う ●固結びができる子もいる ●側転をする ●リレー、ドッジボールをする ●自分なりの目標をもち、繰り返し取り組む	●感情の自覚とコントロールができる ●しりとりやなぞなぞを楽しむ ●不思議なことを図鑑で調べる ●生き物を飼育し観察する ●30までの数が数えられる ●左右や信号・標識の見方がわかる	●特定の仲よしができる ●けんかを話し合いで解決する ●友達の気持ちを代弁する ●ルールを作って遊べる ●共通イメージで製作できる ●見通しをもって準備や練習をする ●友達と協力して最後までやり通す

発達の姿 3歳児クラス

鈴木八重子（元 文京区立保育園 園長）

興味・関心に沿えるよう、素材などを用意して

3歳児になると、全身のバランスを取る能力が発達し、体の動きが巧みになり、三輪車を自由に乗り回したり、リズムに合わせて体を動かしたりできるようになります。

手先の細かい動きも器用になり、折り紙の端を合わせて折ることや、のりやはさみを使うことも上手になります。自分たちで作ったり、描いたり、試したりするようになりますので、さまざまな素材に触れられる環境を用意し、子どもの興味・関心を十分に満たしましょう。

生活のしかたがだいぶわかってきて、生活や遊びのルールを守る大切さにも気づくようになります。基本的な生活習慣も身についてきて、身の回りのことを自分でしようとします。また、友達の様子が気になって、手伝おうとする姿も見受けられます。反面、時々「できない」と言って大人にやってもらいたがるなど甘えたい気持ちも生活の端々で見られます。保育者は受容したり励ましたりしながら寄り添いましょう。

遊びでは、一定のルールを理解しながら、鬼ごっこなど、集団での関わりができるようになります。

友達と遊ぶことが楽しくなってきますが、まだまだ自分中心の時期です。遊びが長続きしなかったり、トラブルになったりすることもあります。危険でないかぎりは、子どもの自己主張を見守り、思いを表に出せるよう援助しましょう。そして、さまざまな場面で、相手には自分と違う思いがあることに気づかせていきます。

想像力がつくことで、絵本や紙芝居を通してストーリー性のある物語を理解し、イメージしながら自分の好きな役になり、友達といっしょに表現し合って遊びを楽しめるようになります。

保育のポイント

さまざまな物への興味・関心

現象・事象の理解

○「なぜ」「どうして」と疑問に思うことを次々に質問してくる時期です。時には返答に迷うことも、いっしょに図鑑などで調べることで応えていきましょう。

想像の世界

○絵本や紙芝居を見て、イメージを広げ、なりきって遊ぶ時期です。

音楽や造形などの表現

○自分なりのイメージを広げて自由に作ったり、描いたりすることを楽しむ時間を大切に！

	運動機能	言語・認識	人間関係
3歳0か月	●斜面やでこぼこ道で三輪車に乗る ●箸を使い始める ●ボタンを自分でとめようとする ●はさみで連続切りをする	●自分の名字と名前を言う ●色、形、大小の区別がつく ●「入れて」「貸して」など遊びに必要な言葉を使ってみる	●一人遊びに没頭する **援助** ・安心できるよう、欲求にていねいに応える。 ●友達と遊ぶようになる ●けんかを通じて思いやりや譲り合う気持ちが育つ
3歳6か月	●経験や想像を製作活動や言葉などで表現する ●のりで、大きい紙に小さい紙を貼る	●「なぜ？」「どうして？」と質問する **援助** ・「なんでだろうね？」と考えられるような受け答えをする。 ・いっしょに調べる。 ●数の理解が進む	●困っている友達を手伝おうとする ●仲間意識の高まり ●相手の立場で考えようとする
3歳12か月	●片足跳びをする ●目標物に向かって走る ●鬼ごっこやボール遊びなどで、全身を使った遊びをする	●乱暴な言葉づかいをまねたり、反応を楽しんだりする **援助** ・過剰反応せずに受容する。 ・人が傷つくような言葉は「先生はその言葉、好きじゃないな」などと伝える。	●生活や遊びのなかで、きまりやルールがあることを知る

けんかへの対応

○おのおのの言い分を認め、気持ちを代弁しながら相手の思いに気づけるよう援助しましょう。

○言葉を補ったり「YES」「NO」で答えられる質問で落ち着いて返答できるようにしたりして、解決までつき合うことが大切です。

○生活や遊びのなかで、友達と楽しく過ごすためには、きまりやルールがあることを知らせながら、その場に応じて確認していきましょう。

| 年間目標 | ●自分でできることは、自分でしようとする気持ちをもつ。
●いろいろな遊びに関心をもち、意欲的に遊ぶ。
●保育者や友達と関わって遊ぶなかで、自分の考えややりたいことを表現できるようになる。 |

		Ⅰ期（4～5月）	Ⅱ期（6～8月）
テーマ		ワクワクドキドキ！　園大好きになーれ！	水の気持ちよさ、解放感を味わって思い切り遊ぼう！
子どもの姿		●初めての集団生活に、大きな期待と不安、緊張を抱えている。 ●保育者との触れ合いを通して、情緒が安定していく。 ●落ち着いてくる子がいる反面、登園を渋る子もいる。 ●自分の好きな遊びを見つけて遊ぶ。	●他児との関わりが見られ、気の合う友達ができ、名前を覚え始める。 ●他児と関わるなかで、トラブルも出てくる。 ●園生活の様子がわかり始め、好きな遊びを見つけて遊ぶようになる。 ●戸外に出て遊ぶようになり、身の回りの自然に興味、関心をもつ。
ねらい		◇園生活のしかたを知り、自分の好きな遊びをする。 ◇保育者に親しみをもち、喜んで登園する。	◇園生活に必要な基本的習慣を身につける。 ◇体を丈夫にして、元気に過ごす。 ◆いろいろな遊びを通して、友達と関わる。 ◆自ら戸外に出て身近な自然と触れ合い、親しみをもつ。
内容	養護	◇園生活のしかた（所持品の始末、トイレの使い方、遊具の使い方など）を知る。 ◇保育者に名前を呼ばれて返事をする。	◇排泄、手洗い、うがいのしかたを知り、身につけていく。 ◇冷水摩擦をし、体を丈夫にする。 ◇園生活に必要な決まりがわかり、保育者といっしょに決まりを守る。
内容	教育	◆体操をしたり、体を思い切り動かしたりして遊ぶ。 ◆身近な動植物を見たり、それらに触れたりする。 ◆絵本や紙芝居を楽しみ、興味をもって聞いたり見たりする。 ◆保育者といっしょに歌や手遊びで楽しむ。	◆園外保育に行って、虫や植物に触れて遊び、梅雨から夏の自然に親しむ。 ◆同じ場所で遊んでいる友達の存在に気づく。 ◆好きな遊びが見つかり、自分から取り組む。 ◆いろいろな素材（パステル、絵の具、粘土など）に触れ、それらを使った活動に興味をもって取り組む。
援助・環境構成		●安心して登園できるよう、子ども一人ひとりを理解し、受容して、いっしょに遊び、寄り添っていく。 ●家庭で経験したことのあるような遊びを準備して、園が家庭の延長にある「楽しいところ」であるというイメージがもてるようにしていく。 ●一人ひとりに、わかりやすく、繰り返し生活習慣を伝えていく。	●友達との関わりがもてるような遊びの設定に努め、いっしょに遊んだり、触れ合ったりするなかで、友達と遊ぶ楽しさを知らせる。 ●梅雨から夏に向けての自然の変化に気づくようにしたり、気温や湿度に注意したりして、健康管理をする。 ●水と親しみ、解放感や楽しさを味わえるようにする。
家庭との連携		●家庭訪問や連絡帳、クラス便りなどを通して、子どもの様子を伝え、信頼関係を築く。	●保護者の子育てに関する思いを受け止め、共感していく。 ●年間を通して園長との懇談会を設け、保護者とのコミュニケーションを大切にする。

認定こども園等

| 教育活動後の時間 | ●家庭と密に連絡をとり、一人ひとりの体調や在園時間に配慮し、家庭的な雰囲気で安心して過ごせるようにする。 | ●7月末から1号認定児は夏休みになるため、2号認定児は一日だいち組で生活する。一人ひとりの体調に配慮し、水遊びや、午睡を取り入れていく。 |
| 子育て支援 | ●園便りなどを通して、園の方針や子育てのアドバイスとなることを発信したり、保護者の話を聞いたりする。
●通年、未就園児が親子で参加できる触れ合い遊びを開催。 | ●未就園児クラスや園庭開放で、同年代の保護者同士の出会いや子育て相談の場を作ったり、講演会を開催したりする。
●園で行う夏祭りに未就園児の親子も参加できるようにする。 |

◇…養護面のねらいや内容　◆…教育面のねらいや内容

III期（9〜12月）	IV期（1〜3月）
充実の時期！　友達との関わりも広げ、自然のなかでじっくり遊ぼう！	**寒さに負けず、たくさん遊ぼう！　友達もできることも増えて自信満々！**
●園での生活に慣れ、いろいろな遊びに興味をもち始める。行動範囲も広がり、落ち着いて遊びや活動に取り組むようになる。 ●変化する自然のなかで戸外遊びが活発になり、自然に興味、関心をもつ。	●友達と同じイメージをもって遊んだり、やりとりを楽しみながら遊んだりしていくなかで、遊びの傾向がはっきりしてくる。 ●進級への不安や期待をもつ姿が見られる。
◇生活の決まりを守ろうとし、身の回りのことを一人でしようとする。 ◆運動会をきっかけにして、戸外で元気よく体を動かして遊ぶ心地よさや、楽しさを味わう。 ◆秋から冬の自然に親しんで遊び、また、その自然物を使って遊ぶ楽しさを知る。	◇身の回りのことを、自分でしようとする。 ◆気の合った友達と意欲的に遊ぶ。 ◆友達と遊ぶなかで、自分の思いを主張するとともに、相手の話を聞いたり受け入れたりする。 ◆冬から春への自然の変化に気づく。
◇乾布摩擦をし、体を丈夫にする。 ◇気の合った友達と衝突するなかで、少しずつルールがあることを知る。	◇片づけや手洗い、うがい、遊具の安全な使い方を身につける。
◆生活のなかで、当番活動や手伝いなどを進んで行う。 ◆運動器具、固定遊具などの安全な使い方を身につけ、いろいろな遊びを経験する。 ◆園内外の秋の自然に触れ、身近な自然物を使って遊ぶ。 ◆見たり聞いたり考えたりしたことを、自分なりに言葉で表す。 ◆歌をうたったり、体で表現したりする楽しさを味わう。 ◆自然物やいろいろな素材に親しみ、絵や製作などで表現する。 ◆4、5歳児の遊びに興味、関心をもち、模倣して遊ぶ。	◆伝承遊びや集団遊びで、みんなで遊ぶ楽しさを味わう。 ◆寒くても体を動かす気持ちよさを感じて、戸外で遊ぶ。 ◆冬の自然（霜柱、雪、氷など）に触れてその不思議さを感じ、興味、関心をもつ。 ◆親しみをもって日常の挨拶をする。 ◆自分なりのイメージで役になりきり、ごっこ遊びを楽しむ。 ◆日常生活のなかで、簡単な言葉や標識に関心をもつ。 ◆園生活の決まりについて自ら考えて判断し、行動する。 ◆4、5歳児のまねをしながら、いっしょに遊ぶ。
●集団で活動する時間と、自分の好きな遊びができる時間を設け、友達や保育者と活動する楽しさを味わえるよう配慮していく。 ●子どもたちの製作意欲を大切にし、イメージを具体化できるように手伝いながら、満足感が味わえるよう、製作する場所の設定、用具や素材の量をよく吟味する。 ●衣服の調節に留意すると同時に、楽しんで乾布摩擦に取り組めるよう配慮する。	●リズムにのって体を動かすことや、体を使って音を表現することを楽しめるよう、保育者もいっしょになって楽しむ。 ●クラス以外の友達と接する機会がもてるよう、身近な所にいっしょに園外保育に出かけたり、園庭でいっしょに食事をしたりする。 ●遊びのなかで数量や文字に対する関心が高められるような環境作りをする。
●子どもの健康状態に注意し、薄着の習慣が身につくよう、家庭の協力を仰ぐ。 ●行事を通して子どもの成長を共感し合い、いっしょに見守る。	●家庭と園の両方で、子どもを認めたり励ましたりして、子どもに自信をもたせていく。 ●進級に対して不安をもたないよう、子どもと保護者の思いを大切にする。

※本園の保育時間については、34、66、74、112、128ページをご覧ください。

●自然に触れてのびのびと遊んだり、異年齢児との関わりを楽しんだりしながら過ごす。 ●ふたば組の保育者と密に連絡をとり、ふたば組の活動とのバランスを見て、だいち組での活動を組み立てていく。	●友達との関わりを楽しみながら、だいち組で安心して過ごす。 ●進級への期待をもち、異年齢児との関わりから刺激を受ける。
●未就園児クラスや園庭開放で、同年代の保護者同士の出会いや子育て相談の場を作ったり、講演会を開催したりする。 ●運動会に未就園児も参加できる競技を設ける。	●未就園児クラスや園庭開放で、同年代の保護者同士の出会いや子育て相談の場を作ったり、講演会を開催したりする。 ●未就園児クラスで餅つき会を行う。

食育の 年間目標	●みんなといっしょに食べる楽しさや喜びを味わう。 ●食生活に必要な習慣を身につける。 ●畑の作物を見たり、触れたりして、調理した物に興味、関心をもつ。

	Ⅰ期（4～5月）	Ⅱ期（6～8月）
ねらい	●新しい環境に慣れ、友達や保育者といっしょに食べることを楽しむ。 ●たくさん遊び、空腹感を感じ、食べる喜びを感じる。 ●保育者といっしょに、畑を耕したり、野菜の苗植えや種まきをしたりして楽しむ。	●マナーを意識しながら、楽しく食事をする。 ●野菜の生長に興味、関心をもつ。 ●箸に興味をもち、使おうとする。 ●食べ物と体の関係に興味をもつ。
内容	●おやつの日はみんなで食べる楽しさを味わう。 ●戸外遊びや散歩でおなかがすくまでたくさん遊ぶ。 ●自分で野菜を育てる。水やりはどのくらいするかなどを畑の先生（元農家のバスの運転士さん）に聞いて土作りをする。さつまいもの苗を畑に植え、はつかだいこんの種をまく。 ●食事の用意（自分のナプキンを敷き、箸、スプーン、フォーク、コップの用意）を行う。 ●食後は、箸などを片づけ、うがいをして、絵本を見たり、粘土をしたり、絵を描いたりしておなかを休める。 ●絵本や紙芝居、ペープサートで、食事のマナーなどを知る。	●感謝の気持ちを込めて「いただきます」「ごちそうさまでした」の挨拶をする。食器に手を添えて食べるなど、マナーを意識する。 ●献立に合わせて、箸やスプーン、フォークを正しく使う。 ●育てた野菜を収穫し、素材の味を楽しんだり、調理して食材の変化に気づいたりする。 ●育てた野菜や収穫物の絵を描いたり、粘土で表現したりする。 ●食材の働きを赤、黄、緑の3色のカードで表した『3色カード』を使って、栄養についてのクイズなどをしながら、楽しく覚えていく。 ●カレーライスの日には、みんなで大鍋で作ったカレーライスを食べる。
環境構成・援助	●おやつの日を設け、みんなで食べる楽しさや食事の挨拶を伝える。 ●食事が楽しみになるように、子どもたちに誘いかけ、いっしょに体を動かして遊ぶ。 ●清潔で楽しい環境のなかで食事ができるように環境設定する。保育者も人的環境として、手本になるよう心がけて食べる。 ●排泄（はいせつ）や手洗い、食事のマナーをわかりやすく伝える。 ●プリンカップを使って一人一つのはつかだいこんを育てる。見やすい場所に置くなど、栽培への興味が継続するように配慮する。	●挨拶や姿勢、食事中に立ち歩かないなどのマナーを守りながら、楽しい雰囲気のなかで食べられるように、配慮する。 ●わかりやすいイラストで3色カードを作り、食材のもつ力について知らせる。クイズ形式で楽しみながら、食材に興味をもったり、食べてみようという気持ちになったりするように援助する。 ●収穫の喜びを感じ、みんなで分け合って食べる楽しさを味わえるようにする。
絵本・うたなど	[絵本] ●グリーンマントのピーマンマン　●ふしぎなタネやさん ●おおきなかぶ　●おしくら・まんじゅう [うたなど] ●おべんとうばこのうた　●パンの手遊び	[絵本] ●おべんとうバス　●はらぺこあおむし ●ばけばけばけばけ　ばけたくん [うたなど] ●カレーライスのうた　●やさいおんど
家庭との連携	●アレルギー、好き嫌い、食事の量や様子を伝え合い、連携する。 ●園便りを発信し、昼食の様子や子どもたちに人気のメニュー、家庭でも協力してほしい生活リズムやマナーなどを伝える。	●お弁当を持ってくる家庭には、暑さ対策をするように伝える。 ●栽培に取り組むなかでの子どもたちの気づきや発見を家庭に知らせ、いっしょに食や食材への興味を広げてもらう。 ●朝食や水分補給の大切さを発信する。

III期（9〜12月）	IV期（1〜3月）
●マナーを守って食事を楽しむ。 ●自分の食べる量がわかり、残さずに食べる。 ●栽培した野菜を収穫して、味わったり、絵画、製作に取り入れたりして楽しむ。 ●食材に興味をもち、体との関係を意識して食べる。 ●箸への移行を意識づける。	●食事の基本的なマナーが身につき、楽しく食事をする。 ●栽培やさまざまな体験を通して、食材や調理の過程に興味をもち、感謝の気持ちをもつ。 ●自分の健康と成長を感じ、喜ぶ。 ●箸を正しく使って食事する。 
●給食をよそってもらう時に、「少なくしてください」「2個ください」など、自分で食べられると思う量を保育者に伝える。 ●野菜やいもの栽培に取り組み、収穫やいも掘りをする。 ●焼きいもをする。 ●いもの絵を描いたり、芋づるを使ったリース作りやいも版で遊ぶ。 ●3色カードで、日々の献立の食材の力を確認し、おいしく楽しく食事をする。 ●テーブル拭きや牛乳配りなどの当番活動をする。 ●食事以外の時間で、マカロニつかみゲームなどの箸を使った遊びを楽しむ。 	●もち米といつも食べている米の違いを知り、かまどでもち米を蒸すところを見る。ふかしたもち米を味わい、きねとうすを使って餅つきをし、きな粉餅や雑煮をみんなで味わう。 ●カレーライスの日の当番では、野菜を洗うなどカレーライス作りの手伝いをする。 ●お別れ会でホットドッグパーティーをする。園庭で5歳児といっしょに、焼きたてのホットドッグを食べる。 ●5歳児の部屋に食事に行き、配膳を自分でする様子などを見せてもらい、進級への期待を高める。
●一人ひとりの食べる量を把握したうえで、子どもたちが完食することや、おかわりすることなどを喜び、楽しく食事ができるように援助する。 ●今までの栽培の過程を子どもたちと振り返りながら、収穫を楽しみ、いろいろな調理法で味わえるようにする。 ●3色カードを継続して使用し、食材への興味を膨らませていく。 ●挨拶や食事のマナーを意識できるように、声をかけたり、進んで守っている子を十分に認めたりする。	●日常の遊びのなかで箸を取り入れ、箸での食事がきちんとできるようにする。 ●5歳児と過ごす時間や、5歳児の活動の様子を見る機会を多く作り、いっしょに楽しい思い出を作りながら、配膳や当番活動などいろいろな刺激も受け、それらを吸収できるように配慮する。 ●カレーライスの日の当番となり、調理に携わることで、普段作ってくれる方への感謝や、栽培を通して食材のありがたみなどが伝わるようにする。
[絵本] ●さつまのおいも　●おべんとうのえんそく ●やさいでぺったん　●おおきなおおきなおいも [うたなど] ●やきいもグーチーパー　●おべんとうバス	[絵本] ●もったいないばあさん　●おもちのきもち ●ちびころおにぎり　なかみはなあに [うたなど] ●リトミック「もちつき」
●旬の食材には栄養がいっぱい含まれているので、献立の人気メニューや季節のメニューのレシピを発信する。 ●ご飯粒は残さず食べる、茶碗は左に置くなど、園で伝えていることを家庭にも伝え、いっしょに行っていく。	●餅つきでは保護者に声をかけ、子どもといっしょにつき手になってもらい、楽しんでもらう。 ●餅つきやカレーライスの日、ホットドッグパーティーを通して、みんなで食べる楽しさを味わえるようにし、その様子を発信する。

保健 年間計画

年間目標	●健康で安全な生活習慣を身につける ・健康に関心をもち、体や命の大切さを知る。 ●全身を使って活動し、体を動かす楽しさを味わう ・保育者といっしょに思い切り体を動かして遊ぶ。 ・体操や乾布摩擦、冷水摩擦を楽しみながら、体を丈夫にする。	保健行事	内科検診………年2回 身体測定………月1回 歯科検診………年2回 尿検査…………年2回 虫歯予防指導…年1回

	ねらい		配慮
4月	●生活リズムを整え、新しい生活環境に慣れる。	●活動と休息のバランスに注意する。 ●環境の変化による、気持ちの揺れ動きに寄り添う。	●保護者に、子どもの生活リズムや衛生面、健康清潔習慣などについて話す。
5月	●薄着に慣れる。 ●戸外で十分に遊ぶ。 ●冷水摩擦を行う（秋まで）。	●衣服の調節に留意する。 ●子ども自ら水分補給ができるように援助する。 ●清潔なタオルで冷水摩擦を行い、気持ちよさを味わう。	●内科検診、歯科検診、尿検査を行い、保護者と情報を共有する。 ●トイレの使い方と、排便の大切さを伝える。
6月	●感染症に注意し、梅雨を健康に過ごす。	●保育室の環境整備を行う（通風、換気、採光）。 ●食中毒、皮膚疾患などに留意する。	●虫歯予防について関心が高まるように援助したり、保護者にも歯磨きの大切さを伝えていく。
7月	●夏を元気に過ごす。 ●あせもやとびひを予防する。	●健康状態を把握し、安全な水遊びへの配慮をする。 ●熱中症対策や高温多湿による疲労の緩和に努める。	●保護者に、夏休みの健康、安全対策についてや、食中毒への配慮などを伝えていく。
8月	●生活リズムを意識し、夏を健康に過ごす。	●2号認定児は、暑さや水遊びでの疲労も考慮し、午睡を取り入れ、健康に過ごせるようにする。	●1号認定児は夏休み。
9月	●夏の疲労回復に努める。 ●積極的に体を動かして遊ぶ。	●一人ひとりの体調を把握して、疲労回復を図る。 ●残暑での熱中症などに注意する。	●園生活のリズムを取り戻せるよう、保護者と連携をとっていく。
10月	●戸外で体を動かして遊び、丈夫な体を作る。 ●乾布摩擦を行う（3月まで）。	●気温や体調に合わせて、衣服の調節ができるように配慮する。 ●軍手を使って乾布摩擦を行い、健康な体を作る。	●一人ひとりの体調に気をつけながら、適切な運動が行えるよう配慮する。
11月	●薄着の習慣をつける。	●衣服の調節に留意して、厚着にならないようにする。	●保護者に、感染症などへの注意を呼びかける。 ●朝夕の気温変化や乾燥に留意する。
12月	●寒さに負けず元気に過ごす。 ●清潔習慣をつける。	●外気に触れて元気に遊べるよう、みんなで体を思い切り動かす遊びを行う。	●手洗いやうがいなどの清潔習慣を再確認する。
1月	●インフルエンザなどの予防に努める。	●適切な室温や湿度への配慮と十分な換気を行う。	●感染症の流行状況を把握し、予防対策をとる。
2月	●清潔習慣を徹底する。 ●寒さに負けずたくさん遊ぶ。	●手洗い、うがいを子どもたちが、自ら気づいて行えるよう配慮し、感染症の広がりなどを抑える。	●戸外で十分に体を動かせる活動を取り入れる。
3月	●1年間の成長を確認する。	●安全や衛生に、子どもたち自身が興味をもち、積極的に行えるように配慮していく。	●保護者と、子ども自身の身体的成長や健康面の成長について、共有していく。

家庭との連携

健康習慣	清潔習慣	その他
●早寝早起き朝ごはんで生活リズムを整える。 ●薄着は皮膚を丈夫にし、抵抗力を高めるので、一人ひとりの体力に合わせた、無理のない薄着習慣、乾布摩擦、冷水摩擦を行う。	●食後のうがい、歯磨きの習慣をつけ、仕上げ磨きで歯の健康を守る。 ●爪切りや耳掃除、洗顔、入浴などで清潔を保ち、健康管理をする。	●毎朝検温し、子どもに気になる様子があれば、園に伝えてもらう。園での様子も保護者に伝える。 ●季節に合った衣服や冷水摩擦用のタオルを準備してもらう。 ●内科検診や歯科検診の結果を伝える。

防災・安全 年間計画

年間目標
- 災害に対する心構えを養い、状況に応じた避難方法を身につける。
- 保育者の話をよく聞き、積極的に身を守る行動をとる。

※本園の保育時間については、34、74ページをご覧ください。

	想定	ねらい	内容
4月	火事 保育室内で集合	●避難訓練の意味を知る。 ●非常ベルを聞く。	●命を守るベル、泣かずによく聞き、保育者の所に集まれば大丈夫！ ・非常ベルを聞き、保育者の前に集まる。
5月	地震 保育室内退避	●地震の際には頭を守ることが大切だと知る。	●地震の時は、頭を守る！ ・地震の発生を知り、頭を守るために机の下に隠れる。
6月	地震（一斉活動中） 園庭退避	●園外への避難方法を知る。	●保育者といっしょに園庭に逃げよう！ ・頭を守って揺れが収まるまで待ち、着帽し、園庭に避難する。
7月	火事 園庭退避	●「おかしも」の約束を守り、園庭に避難する。	●「おかしも」の約束を理解し、守ろう！ ・約束を守りながら、ハンカチで口を押さえて園庭に避難する。
8月	だいち組　地震 園庭退避	●だいちの時間での避難方法を知る。	●だいちの時間に地震が起きたら!? ・保育者の指示をよく聞き、5歳児と協力して避難する。
9月	竜巻 室内退避	●竜巻の際の避難方法を知り、室内退避する。	●竜巻の時に安全な場所はどこ？ ・窓などから離れ、毛布や手提げ袋で頭や首を守る。
10月	地震（自由遊び中） 園庭退避	●自分の近くにいる保育者の所に集まり避難する。	●保育室を自由に行き来し、遊ぶなかでの災害にも慌てずに！ ・近くの保育者といっしょに避難し、並んで人数確認を徹底する。
11月	地震（戸外遊び中） 園庭退避	●遊具から降り、近くの保育者の所に集まり避難する。	●広い園庭の中で地震を感じたら、どうしたらいい？ ・固定遊具などから降り、園庭での身の守り方を知る。
12月	不審者対応 室内退避	●「28番」の放送の意味を知り、速やかに室内に避難する。	●「28番」は不審者の合図！　知らない人にはついていかない！ ・「28番」の放送を聞き、室内に避難し施錠する。
1月	地震 園庭退避	●身近な物で頭を守り、「おかしも」を守り避難する。	●保育室内に机がない時は、何で頭を守るとよいかな？ ・電気の下を避け、タオルや手提げ袋などで頭を守り、避難する。
2月	不審者対応 室内退避	●「28番」の意味を再確認し、速やかに室内に避難する。	●「28番」は不審者の合図！　速やかに室内へ！ ・「28番」の放送の意味を理解し、速やかに室内に避難する。
3月	消防署との総合訓練	●消防士の監督のもと、訓練する。 ●消防車、救急車を見学する。	●消防士さんの話を聞き、消防車見学をして、防災意識を高めよう！ ・1年間の訓練のまとめを行い、自信につなげる。

安全管理
- 園庭・室内と担当者を決め、定期的な安全点検に努める。
- 子どもたち一人ひとりの状況を伝え合い、危険や起こりうる状況を予測していく。
- 園内の危険箇所を全職員で確認し、子どもたちから目を離さず、保育者同士が声をかけ合いながら見守る。
- けがの際の対応マニュアルを周知する。

月案	p36
週案	p38
日案	p40
保育の展開	p58

本園の保育時間について
・本園では、保育時間を「ふたばの時間」「だいちの時間」の2種類で構成しています。
●ふたばの時間……8：30〜14：00の教育時間は、3歳児クラスとして1・2号認定児合同で過ごします。ふたばハウスという園舎で、教育・保育を中心に行います。
●だいちの時間……14：00に1号認定児が降園したあとは、ふたばランドという園舎に移動し、3・4・5歳児混合で、「だいち組」として過ごします。
・新入園の1号認定児は、4月中は午前保育を行います。

子どもの姿と保育のポイント

新しい環境に不安な子どもたち

　初めての園生活を迎える新入園児は、小さな期待と大きな不安や緊張感を抱いています。保育者は笑顔を心がけ、ゆとりをもって一人ひとりの気持ちを受け止めていきましょう。ありのままを受け入れてもらえることで子どもの心が少しずつほぐれ、安心感や信頼を感じるようになります。
　また進級児も、新しい環境に戸惑いや不安があります。一人ひとりとじっくり関わり、スキンシップを多くとったり、気持ちを発散できる環境を用意したりしましょう。

親子でドキドキの入園式

　子どもも保護者も緊張の入園式。入園前の児童調査票で顔と名前をしっかり覚え、当日は一人ひとり名前を呼びながら笑顔であたたかく迎えます。スキンシップや声かけで親子の緊張感を和らげ、保育者に親しみをもってもらえるように心がけましょう。
　式では、子どもたちが楽しめる歌や簡単なクイズなどを取り入れて園の楽しさを伝え、翌日からの登園に期待がもてるようにします。

自分のマークで「できた！」を経験

　子どもが自分で所持品の始末ができるように、個人のマークやわかりやすい表示を用意します。

今月の保育ピックアップ
新要領・新指針の視点で

4月

子どもの活動

楽しいこと、見つけたよ！

室内にいくつかコーナーを設定し、子どもたちが安心して自分の居場所や好きな遊びが見つけられるようにします。家庭の延長の気持ちで遊べるように、ゆったりとした家庭的な雰囲気を作ります。

子どもの活動

園内探検をしよう

園舎や園庭を描いた「宝の地図」を持ち、園内の探検をしながら遊具の使い方、危険箇所などを知らせます。固定遊具の名前や遊び方、使う時のルールもわかりやすく伝えましょう。

4月のテーマ
大切な出会いの時期。
全面的受容で安心できる
環境を整えよう！

保育者の援助

保護者の不安にも配慮

園での子どもの様子がわからないと、保護者は不安になります。子どもたちががんばっている様子や少しずつ成長していることなど、園での姿を伝えていくことで、信頼関係ができていきます。

環境構成

椅子の使い方を親しみやすく伝える

使い方をわかりやすく伝えられるように、椅子を飾りつけ、親しみやすいキャラクターにします。

ぼくの手と握手しながら運んでね！

予想される子どもの姿

● 新入園児は初めての園生活に戸惑って泣く子や、周りの様子を傍観している子、保育者といっしょでなければ行動できない子、好奇心旺盛に遊ぶ子など、さまざまな姿が見られる。進級児も新しい生活に戸惑う様子が見られる。

	ねらい	子どもの活動内容
養護	◇自分のクラスや保育者の名前を知る。 ◇保育者に親しみをもち、安心して遊ぶ。 ◇保育者といっしょに身支度を整えながら、園での生活習慣を覚える。 ◇園内探検をし、園内の遊具や用具の使い方や危険箇所を知る。 ◇おやつの日を通して弁当・給食の流れを知る。	◇保育者といっしょに遊ぶ。 ◇保育者といっしょに自分のマークを確認し、身支度を行いながら園生活の流れを知る。 ◇トイレや水道の使い方を知り、実際に行って確認する。 ◇園内探検をする。 ◇おやつの日には、準備のしかたを覚えながらみんなで食べる楽しさを味わう。
教育	◆粘土や自由画帳、パステルの使い方を知る。 ◆母の日を知り、プレゼント作りを楽しむ。	◆粘土遊びやパステルでの線描きを楽しむ。 ◆クラスの友達といっしょに歌をうたったり、絵本や紙芝居、エプロンシアターを見たりする。 ◆おうちの人の顔を思い浮かべながら顔のパーツを描く。
教育活動後の時間	**認定こども園等** ●14：00以降のだいちの時間は、だいち組として異年齢で過ごすことを知る。 ●だいち組の保育者や保育室を知り、安心できる場所や遊びを見つける。	●だいち組での生活の流れを知り、身支度をする。 ●保育者といっしょに好きな遊びを楽しむ。 ●片づけ、排泄(はいせつ)、手洗いをし、おやつを食べる。 ●体調に合わせ、無理なくゆっくり体を休める（午睡）。

今月の食育

● おやつの日を通じて、園での食事のマナーを知り、友達といっしょに食べる楽しさや、その雰囲気を味わう。

子育て支援・家庭との連携

● 園や家庭での子どもの様子を、家庭訪問や連絡帳などを通して伝え合う。
● 園だよりやクラスだよりで、園の方針を伝え、理解を求める。

今月の保育のねらい

- 園生活に期待をもち、楽しく登園をする。
- 保育者に親しみをもち、安心して過ごせるようにする。
- 園生活に慣れ、生活のしかたがわかる。

行事予定

- 始業式
- 入園式
- 家庭訪問
- おやつの日
- 誕生会
- 身体測定
- 避難訓練

◇…養護面のねらいや活動　◆…教育面のねらいや活動

保育者の援助と環境構成

◇笑顔で挨拶をして子どもたちを迎え入れ、安心感がもてるように寄り添う。
◇気持ちが不安定な子に対しては、本人の興味を引くようなおもちゃや落ち着ける場所を提供して、あたたかく見守る。
◇一人ひとりに合ったペースで身支度を整えながら、生活習慣を知らせる。
◇子どもの興味を引く教材を準備して、集まりの時間の楽しさを知らせる。
◇おやつの日は、後日始まる弁当・給食に期待がもてるように行い、準備のしかたをわかりやすく伝える。

◆粘土やパステル、自由画帳の使い方を知らせ、思いのままに表現を楽しめるようにする。
◆母の日について、絵本などで由来を伝える。

※本園の保育時間については、34ページをご覧ください。

- だいち組での生活の流れを、わかりやすく伝える。
- 保育者間の連絡を密にし、ふたばの時間から継続してできる遊びを用意したり、一人ひとりの体調に配慮したりしながら、家庭的な雰囲気のなかで安定して過ごせるよう援助する。

保育資料

【歌・リズム遊び】
- 朝のうた
- おかえりのうた
- 園歌
- たんじょうかいのうた
- こいのぼり
- おかあさん
- チューリップ
- 手をたたきましょう

【手遊び】
- あたま・かた・ひざ・ポン
- ひげじいさん
- たまごのうた

【運動遊び】
- たけのこ体操
- きまっちょモンキー！

【自然遊び】
- だんごむし探し
- 草花探し

【表現・造形遊び】
- 粘土
- パステル
- 母の日のプレゼント（似顔絵）

【絵本】
- おててじゃぶじゃぶ
- おへんじはーい！
- くれよんのくろくん

自己評価の視点

子どもの育ちを捉える視点

- 保育者といっしょに遊んだり関わったりすることで安心感をもち、園での楽しみ方を見つけて、期待をもって登園できたか。
- 園生活の流れや身支度のしかたを知ることができたか。

自らの保育を振り返る視点

- 子どもたち一人ひとりと関わりをもち、不安や緊張を和らげることができたか。
- 園生活の楽しさを伝え、遊びへのきっかけ作りなど一人ひとりに合った対応が適切に行えたか。

4月 週案

		第1週	第2週
ねらい		◇進級児は、新しい保育者に親しみをもち、安心して遊ぶ。 ◆始業式、入園式に参加し、園生活と新しい友達との出会いを楽しみ、期待をもつ。	◇自分のクラスや保育者の名前を知る。 ◆園生活の流れを知り、楽しさを味わう。 
活動内容	養護	◇保育者とたくさん関わりながらいっしょに遊ぶ。	◇保育者といっしょに自分のマークを確認しながら、身支度のしかたなどの園生活の流れを知る。 ◇トイレの使い方を知り、実際に行って確認する。
	教育	◆始業式、入園式に参加する。 ◆入園式までの間、進級児は散歩に出かけ、桜など春の自然を見つけて楽しむ。	◆クラスの友達といっしょに歌をうたったり、絵本や紙芝居、エプロンシアターを見たりする。 
援助と環境構成		●入園式までは、進級児と積極的に関わりながらいっしょに遊ぶ。 ●新しいクラスでの生活のしかたを、一人ひとりにていねいに伝える。 ●入園式での新しい友達との出会いに期待がもてるようにする。 ●春の自然物が多く見つかるルートを選び、安全面に十分留意して、散歩を楽しめるようにする。その際、5歳児と手をつなぎ、リードして歩いてもらいながら、交流がもてるようにする。	●入園したばかりの子どもたちを笑顔で挨拶をして迎え、気持ちを受け止めながら積極的に関わり、安心感がもてるようにする。 ●いっしょに身支度を整えながら、一人ひとりに生活習慣を知らせていく。 ●子どもたちが知っている曲をピアノで弾いたり、パペットやエプロンシアターなど興味を引くような教材を用意したりして、集まりの時間の楽しさを知らせる。 ●園でのトイレの使い方を、わかりやすく伝える。 ●おむつが取れていない子も、トイレに誘うようにする。

認定こども園等

		第1週	第2週
教育活動後の時間		●だいち組に移動し、身支度を整える。 ●好きな遊びを楽しむ（折り紙、廃品遊び、だんごむし探し）。 ●絵本や紙芝居を楽しみ、おやつを食べる。 ●体調に応じて午睡をするなど、ゆっくりと過ごす。	●だいち組に移動し、身支度を整える。 ●好きな遊びを楽しむ（折り紙、パズル、粘土、戸外遊び）。 ●絵本や紙芝居などを楽しみ、おやつを食べる。 ●体調に応じて午睡をするなど、ゆっくりと過ごす。
援助と環境構成		●進級に対する不安や期待を受け止め、安心して過ごせるような対応、環境設定に努める。 ●子どもの体調や新学期の伝達事項などについて、保育者同士や保護者と連絡を密に行う。	●入園式後に加わった1号認定児が泣いているときに2号認定児が不安にならないよう、だいち組では3月末の環境を残し、安心して好きな遊びにじっくりと取り組めるようにする。

◇…養護面のねらいや活動　◆…教育面のねらいや活動

第3週	第4週
◇自分のクラスや友達がわかり、保育者に親しみをもつ。 ◇新しい環境に慣れる。 ◆粘土や自由画帳、パステルの使い方を知り、楽しく遊ぶ。	◇保育者に親しみをもち、安心して遊ぶ。 ◇弁当・給食（準備、食事、片づけ、食休み）の流れを知る。 ◆母の日について知り、ありがとうと感謝する気持ちをもつ。
◇水道の使い方、手洗い、うがいのしかたを知る。 ◇弁当・給食の導入のため、おやつの日にみんなで食べる楽しさを感じ、準備のしかたを知る。	◇友達と弁当・給食を食べる楽しさや、食事のときのマナーを知る。
◆保育者や友達といっしょに室内や戸外で好きな遊びを楽しんで過ごす。 ◆粘土やパステルでの線描きを楽しむ。	◆だんごむしを見つけるなど、春の自然の発見を楽しむ。 ◆戸外で体操をする。 ◆誕生会に参加する。 ◆母の日のプレゼント作りとして、お母さんやおうちの人の顔を描く。
●手洗い、うがいをすることの大切さを伝え、蛇口のひねり方、水の量に気をつけるように声をかける。 ●おやつの日は、準備のしかたをわかりやすく伝え、弁当・給食に期待をもたせる。 ●砂場で開放的に楽しく遊ぶなどして、気持ちをほぐせるようにする。 ●気持ちが不安定な子は、無理に遊びに誘わず、興味を引くようなおもちゃや落ちつける場所を用意し、あたたかく見守る。 ●粘土やパステルの使い方を知らせ、思いのままに表現することで気持ちが安定するようにする。	●食前の排泄、手洗い、準備のしかたなどをペープサートを使ってわかりやすく説明する。また、楽しく食事をするなかでマナーを守る大切さを伝え、一人ひとりの様子を見て声をかける。 ●虫や草花の発見を通して、春の自然に興味を広げさせる。 ●体を動かす心地よさ、解放感を感じられるよう、体操や戸外への遊びに誘う。 ●誕生会では、時間や内容をくふうし、楽しく明るい雰囲気を味わえるようにする。 ●母の日について知らせ、感謝の気持ちがもてるようにプレゼント作りを進める。

※本園の保育時間については、34ページをご覧ください。

●だいち組に移動し、身支度を整える。 ●好きな遊びを楽しむ（お姫様ごっこ、新聞紙遊び、戸外遊び）。 ●絵本や紙芝居などを楽しみ、おやつを食べる。 ●体調に応じて午睡をするなど、ゆっくりと過ごす。	●だいち組に移動し、身支度を整える。 ●好きな遊びを楽しむ（触れ合い遊び　なべなべ底抜け）。 ●絵本や紙芝居を楽しみ、おやつを食べる。 ●体調に応じて午睡をするなど、ゆっくりと過ごす。
●保育者同士で子どもの様子を伝え合い、子どもの体調に応じた遊びの準備をしたり、その様子を保護者に伝えたりする。 ●身支度や降園準備に慣れたか、一人ひとり再確認する。 ●だいち組での生活の約束を確認していく（水道やトイレなど）。	●異年齢児と触れ合い遊びを行ったり、困ったときには5歳児に助けてもらうように促したりしながら、子ども同士の関わりを広げていく。 ●だいち組での生活の約束を確認していく（おやつのマナー）。

4月16日(月)

前日までの子どもの姿	●泣いて登園する子も、保育者のそばにいることで安心して過ごせるようになっている。 ●少しずつ、自分の園や園生活のしかたを知り、行動範囲も室内から園庭へと広がってきている。

ねらい	●自分の好きな遊びを見つけ、取り組む。 ●保育者や友達と過ごす時間を楽しむ。	主な活動	●エプロンシアター「おおきなかぶ」を見る。

時間	子どもの活動内容	保育者の援助	環境構成など
8:30	●挨拶を交わし登園する。 ●身の回りの始末をする。 ●好きな遊びをする。 〈室内〉ままごと、こいのぼり作り、塗り絵、ブロック、パズル 〈戸外〉砂遊び、ぶらんこ、固定遊具	●名前を呼びかけ、笑顔で挨拶をし、安心して生活に入ることができるようにする。 ●一人ひとりとスキンシップを行い、視診する。 ●自分でしようとする気持ちを認めながら、必要に応じて援助する。 ●保育者もいっしょに遊び、楽しさを伝える。 ●一人ひとりが、どんな遊びに興味をもって取り組んでいるか、様子を見る。	●ままごと、ぬりえコーナーなど、家庭的な遊びのコーナーを用意し、遊びに入りやすい環境を作る。 ●ぬりえ、こいのぼり作りは、自由に行えるように見やすい場所に準備する。 ●砂場での水運びに使えるよう、500mlのペットボトルを用意しておく。 口の部分がちょうど良いサイズ／中身が見える
10:20	●片づけ、排泄、手洗い、うがいを済ませる。 ●音楽（「手をたたきましょう」「わ〜お！」）に合わせて、うたったり、踊ったりする。	●片づけ後の活動が楽しいことを伝えながら、片づけを促す。 ●保育室に全員がそろうのを待つ間も楽しく過ごせるようにする。	●トイレの中に動物の壁面製作などを貼り、楽しく入れる環境にする。
10:40	●朝の会に参加する。 ・歌をうたう、挨拶をする、点呼を受ける。 ●エプロンシアター「おおきなかぶ」を見る。	●保育者のそばに集まるよう、声かけをする。 ●繰り返しのせりふを子どもたちといっしょに言うことで、見るだけでなく、参加している雰囲気作りをする。	
11:00	●1号認定児、降園準備をする。		

時間	子どもの活動内容	保育者の援助	環境構成など
11:15	●帰りの会に参加する。 ・手遊び「たまごのうた」をする。 ・絵本『くれよんのくろくん』を見る。	●2号認定児の子どもたちは、保育者の近くに座らせ、不安にならないように見通しのもてるような声かけをする。 ●翌日の活動につながる絵本を読み、登園に期待がもてるようにする。	●大きなたまごを用意して、毎日絵本など楽しい物を入れ、子どもたちの前で取り出す。 画用紙を卵形に切りギザギザに切り分ける 封筒を切る　裏に貼る　割りピンで留める
11:30	●1号認定児、降園する。	●一人ひとりと挨拶を交わし、再度視診する。	
11:40	●昼食をとる。 ・弁当・給食準備、片づけ、食休み。	●楽しい雰囲気のなかで、食事ができるようにする。	
13:00	●ホールで、入園式の飾りに使用した風船を使って遊ぶ。	●気持ちの発散ができるような活動を行う。 ●午前中は、1号認定児との関わりが多くなってしまうため、2号認定児一人ひとりと密に関わる時間になるようにする。	
13:30	●片づけ、排泄、手洗い、うがいを済ませる。 ●2号認定児は、移動準備をする。 ●帰りの会に参加する。	●各クラスに分かれて移動の準備・帰りの会を行う。	
14:00	●2号認定児は、だいち組に移動する。 ●好きな遊びをする。	●だいちの時間の保育者に、14:00までの子どもたちの様子や、特に注意して見てもらいたい子どもの様子、保護者に伝えてもらいたい事柄を伝達する。	
15:15	●おやつを食べる。		
16:00〜18:30	●順次降園。	●連絡ノートを活用し、保育者間で連絡漏れがないようにする。	

※本園の保育時間については、34ページをご覧ください。

自己評価の視点

子どもの育ちを捉える視点
●自分の好きな遊びを見つけて遊べていたか。
●保育者や友達といっしょに過ごす時間も楽しんでいたか。

自らの保育を捉える視点
●子どもたちが興味をもつような環境設定ができていたか。
●楽しい雰囲気のなかで、一斉活動ができていたか。

月案	p44
週案	p46
日案	p48
保育の展開	p58

子どもの姿と保育のポイント

一人ひとりのサインを見逃さず、慎重に見ていくとき

ほとんどの子どもが園生活に慣れてきて、少しずつ自分のしたい遊びを見つけられるようになります。

しかし、連休が明けて久しぶりの登園で泣く子、まだ保育者のそばを離れられずに友達の遊びを見て楽しむ子、園生活の中で我慢ができなくなる子もいます。

保育者は、「4月は泣いていなかったのに！」などと慌てることなく、ゆったりとていねいに子どもを受け止めましょう。

4月は保護者と離れたことに泣いていましたが、5月はいろいろと理解したうえでの涙です。保育者はこれまで以上に子どもの気持ちを受け止めて、慎重に見ていく必要があります。子どものサインに気づいたら、保護者に様子を伝え、家庭での様子を聞くことも大切です。あわせて、子どもとの関わりに偏りがなかったかも見直しましょう。

子どもたちにとって、自分のクラスが安心できる場所となるように、一人ひとりに目を向け、好きな遊びを見つけられるように援助していきましょう。

新緑の季節を楽しもう

爽やかな季節なので、戸外で思い切り遊べるようにします。砂場遊びに偏りがちなので、新しい遊びを提案したり、視野を広げる見方を示したりして、自然のもつ気持ちよさ、おもしろさなどに関心をもてるように援助していきます。活発に行動する分、けがも多くなるので、安全点検に努めます。

今月の保育ピックアップ

新要領・新指針の視点で

子どもの活動
新緑のなかで、戸外遊びを楽しもう

園外に散歩に出かける、はだしになって砂場遊びを楽しむ、ありやだんごむしを見つける、園内探検で使い方を知った遊具に少しずつ取り組むといった姿が増えてきます。やってみたいことを見つけ、友達の存在にも気づき始めるので、保育者もいっしょに遊び、楽しさを共有できるようにします。

子どもの活動
いろいろな素材に触れる喜びを

のりや折り紙、粘土に触れたり、新聞紙ちぎりやスタンピングを楽しんだりするなど、気持ちを発散できる遊びで、心の安定を図るようにします。

5月のテーマ
保育者や友達と
いっしょに遊ぶ気持ちよさ、
楽しさを感じよう！

保育者の援助
子どもたちの名前をたくさん呼ぼう

保育者が子どもたちの名前をたくさん呼ぶことで、自分が認められていることを感じて安心感をもち、他の友達の存在を知るきっかけにもなります。

これもおさえたい！
こいのぼりに興味をもつ活動を

「こどもの日」に向け、園庭の空を泳いでいるこいのぼりを見たり、実物に触れたり、中をくぐって遊んだりして楽しみます。こいのぼりに興味をもてるようにしましょう。

5月 月案

前月末の子どもの姿
- 保育者と砂場や固定遊具で遊んだり、室内でお面作りやままごとをしたりして楽しんでいる。
- 自分のマークを覚え、保育者といっしょに身支度ができるようになってきた。
- 弁当・給食が始まって喜んでいるが、保育時間が長くなった疲れから、泣いたりぐずったりする姿が見られる。

	ねらい	子どもの活動内容
養護	◇基本的生活習慣を身につける。 ◇汗を拭くことの気持ちよさを味わう。	◇生活のリズムを整え、身支度、手洗い、うがい、排泄、衣服の着脱などの基本的生活習慣を、保育者といっしょに確認する。 ◇冷水摩擦を行う。
教育	◆好きな遊びを見つけ、思い切り楽しむ。 ◆遊びに必要な用具の使い方や、楽しさを知る。 ◆ハッピーデー（家族みんなで体操やゲームを行うミニ運動会）に期待をもち、友達といっしょに戸外遊びを楽しむ。	◆室内ではコーナー遊びや粘土、戸外では砂遊びや鬼ごっこを十分に楽しむ。 ◆期待をもち、はつかだいこんや枝豆の種まき、きゅうりやミニトマトの苗を植える。 ◆小麦粉粘土や折り紙、新聞紙（ちぎる、やぶる、丸める）、のりなど、さまざまな素材に触れ、楽しむ。 ◆カスタネットの持ち方を知り、楽しく自由打ちを行う。 ◆ハッピーデーに参加する。 
教育活動後の時間	**認定こども園等** ●だいち組での生活の流れを理解し、保育者といっしょに好きな遊びを楽しむ。 ●気温に応じた衣服の調節をする。	●保育者といっしょに好きな遊びを楽しむ。 ●友達といっしょに片づけ、排泄、手洗いを済ませ、おやつを食べる。 ●体調や気温に合わせて衣服の調節をしたり、休息をとったりする。

今月の食育
- 初めての食材に触れたり、友達と同じ物を食べる楽しさを味わったりする。
- 野菜の種をまいたり苗を植えたりして、生長や収穫に期待をもつ。

子育て支援・家庭との連携
- 保護者と、遊びや生活の様子を伝え合うなかで子どもの理解を深める。
- 「おむつは卒業!! お兄さん・お姉さんパンツに挑戦！」を相言葉に、ともに排泄の自立を目指す。

今月の保育のねらい

- 好きな遊びを見つけ、喜んで登園する。
- 園生活のしかたを身につける。

行事予定

- 母の日
- ハッピーデー
- 内科検診
- 誕生会
- 避難訓練
- クラス集合写真
- 歯科検診
- 尿検査
- 身体測定

◇…養護面のねらいや活動　◆…教育面のねらいや活動

保育者の援助と環境構成

◇ 一人ひとりの様子を見ながら、気持ちに共感したり、できるようになったことをいっしょに喜び、自信につながるような声かけをする。
◇ 冷水摩擦を通して、丈夫な体作りを目指す。

◆ 自分の好きな遊びを見つけられるように、興味、関心に寄り添った環境設定を心がける。また、不安定で遊びに目を向けられない子に対しては、保育者がいっしょに遊び、安定できるようにする。
◆ 初めての活動（小麦粉粘土、折り紙、のりなど）では、使い方や注意点などをていねいに伝えるとともに、その素材の楽しさが十分に伝わるように努める。
◆ クラスみんなで行える触れ合い遊びや簡単なゲームを取り入れ、ハッピーデーへの期待を高める。

※本園の保育時間については、34ページをご覧ください。

- 好きな遊びに一人ひとりのペースでじっくりと取り組めるよう、コーナーを作るなど、環境設定をくふうする。
- ふたばの時間の保育者とだいちの時間の保育者の間で、口頭や連絡ノートを使い、連絡を密に行う。

保育資料

【歌・リズム遊び】
- お昼のうた
- シャボン玉
- 園歌

【リトミック】
- たかくなれひくくなれ
- かえるのうた

【運動遊び】
- 元気いちバンバン！
- きまっちょモンキー！
- ボール送り
- 追いかけっこ

【表現・造形遊び】
- パステル描き（点々）
- のり（のりの特性を知る）
- 小麦粉粘土（感触を楽しむ）
- 折り紙
- スタンピング
- 新聞紙

【絵本】
- だんごむし
- のりののりたろう　まかせてぺったん

自己評価の視点

子どもの育ちを捉える視点

- 好きな遊びを見つけ、楽しむことができたか。
- 保育者や友達と過ごすことを喜ぶ姿があったか。
- 園生活の約束を理解し、やってみようとする姿があったか。

自らの保育を振り返る視点

- 子どもたちが安定して生活し、さまざまな遊びに興味をもてるような環境作りができていたか。
- 基本的生活習慣を繰り返していねいに伝え、それが身につくような援助ができていたか。

		第1週	第2週
活動内容	ねらい	◇連休明けなので、園生活のリズムを取り戻す。 ◆保育者といっしょに好きな遊びを楽しむ。	◇園生活に必要なルールを知り、意識して過ごす。 ◆自分の好きな遊びを見つけて楽しむ。 ◆遊びに必要な用具の使い方や、楽しさを知る。 
	養護	◇生活のリズムを整え、基本的生活習慣を保育者といっしょに確認する。	◇園内、園外探検のなかで、遊具の使い方を知る。
	教育	◆いろいろな遊びに興味をもって、保育者と楽しく遊ぶ。 ◆保育室では、ブロック、ままごと、製作のコーナー遊びを楽しむ。	◆戸外で、はだしになって砂遊びを楽しんだり、水や砂の感触を味わったりする。 ◆折り紙やのりの使い方を知る。 ◆はつかだいこんや枝豆の種をまいたり、きゅうりやミニトマトなどの苗を植えたりする。 
援助と環境構成		●好きな遊びを見つけられるように、いろいろな素材を用意したり、遊びに誘ったりする。 ●遊びのきっかけが見つけられずにいる子には、コーナー遊びを通して、遊びに入りやすいように援助していく。 ●連休明けは、生活リズムの乱れや疲れ、甘えも出るため、一人ひとりの体調や気持ちを受け止め、様子をよく見て、保護者と連絡を取り合いながら援助していく。	●初めての活動（折り紙やのりなど）では、使い方を伝えるとともに、壁面製作に取り組んで、楽しく活動に参加できるようにする。また、できあがった作品を保育室に飾ることで、自分や友達の作品に触れる機会を作る。 ●子どもといっしょにはだしになり、砂や水の気持ちよさを共感したり、遊びが展開していくよう、大きな山を作っておいたり、使いやすい大きさの遊具を多めに用意したりする。 ●安全に過ごせるように、園内、園外探検を通して正しい遊具の使い方や危険箇所を伝える。

認定こども園等

	第1週	第2週
教育活動後の時間	●5歳児と手をつないでだいち組へ移動し、身支度を整える。 ●好きな遊びを楽しむ（砂遊び、虫探し、ままごと、ブロック）。 ●絵本や紙芝居を楽しみ、おやつを食べる。 ●体調に応じて午睡をするなど、ゆっくりと過ごす。	●5歳児と手をつないでだいち組へ移動し、身支度を整える。 ●好きな遊びを楽しむ（砂遊び、虫探し、ままごと、ブロック）。 ●絵本や紙芝居を楽しみ、おやつを食べる。 ●体調に応じて午睡をするなど、ゆっくりと過ごす。
援助と環境構成	●長時間園で過ごすことを知り、疲れからぐずる姿が見られる。連休明けで生活リズムが崩れるため、一人ひとりの体調に配慮し気持ちを受け止め、寄り添っていく。	●好きな遊びにじっくりと取り組めるよう、コーナー遊びの環境設定を行う。 ●だいち組での生活の約束を確認していく（おもちゃの貸し借りなど）。

◇…養護面のねらいや活動　◆…教育面のねらいや活動

第3週	第4週
◇天候に合わせて衣服の調整を行い、自分で着脱を行おうとする。 ◆自分の好きな遊びを楽しむなかで、戸外で体を動かして遊ぶ楽しさを知る。	◇冷水摩擦を通して、汗を拭くことの気持ちよさを味わう。 ◆ハッピーデーに期待をもち、友達といっしょに戸外遊びを楽しむ。
◇身体測定や園生活のなかで、自分で衣服の着脱を行う。	◇冷水摩擦（顔、首、腕、おなか、足、背中）の方法を知る。
◆戸外で体を思い切り動かして遊ぶ心地よさを味わう（追いかけっこ、おおかみさん今何時？）。 ◆絵画製作（スタンピング、自由画）を楽しむ。 ◆新聞紙遊び（ちぎる、やぶる、丸める）を楽しむ。 ◆絵本の部屋での過ごし方や、絵本の扱い方を知る。	◆ハッピーデーに向けて、友達といっしょに楽しく触れ合いながら体操をしたり、簡単なルールのある遊びをしたりして楽しむ。 ◆小麦粉粘土を丸めたり、ちぎったりしながら感触を楽しむ。 ◆誕生会に参加する。
●戸外で活動する時間を十分にとり、解放感を味わえるようにする。また、保育者との追いかけっこを通して、体を動かす楽しさを知らせる。 ●気温に応じて衣服の調整を促し、体調を管理させながら、心地よい季節を肌に感じられるようにする。 ●のびのびと活動できる遊びを取り入れ、気持ちを発散し、安定させる（スタンピングや新聞紙遊びなど）。 ●図書室での過ごし方を伝え、絵本に触れる機会を作る。	●ハッピーデーに向けて、ボール送りやリトルコーンを使った簡単なゲームをしたり、園歌をうたったり体操を行ったりして、ハッピーデーへの期待を高められるようにする。 ●顔、首、腕、おなか、足、背中を冷水摩擦し、汗を拭くことの気持ちよさや丈夫な体作りにつながることを伝える。 ●小麦粉粘土の感触を感じたり、パンやさんになりきるなどイメージをもって楽しんだりできるようにする。

※本園の保育時間については、34ページをご覧ください。

●5歳児と手をつないでだいち組へ移動し、身支度を整える。 ●好きな遊びを楽しむ（折り紙、廃品遊び、戦いごっこ）。 ●絵本や紙芝居を楽しみ、おやつを食べる。 ●体調に応じて午睡をするなど、ゆっくりと過ごす。	●5歳児と手をつないでだいち組へ移動し、身支度を整える。 ●好きな遊びを楽しむ（キッズヨガ、異年齢児との触れ合い遊び）。 ●絵本や紙芝居を楽しみ、おやつを食べる（5歳児の当番活動）。 ●体調に応じて午睡をするなど、ゆっくりと過ごす。
●天気のよい日は、休息とのバランスを考えながら十分に戸外遊びを行う。 ●水分補給を自ら行えるよう声をかける。	●キッズヨガや異年齢児との触れ合い遊びを取り入れ、友達と関わるきっかけ作りをする。 ●5歳児の存在に気づけるよう、おやつの配膳や挨拶の当番活動を5歳児が行う。

5月 日案

5月14日(月)

前日までの子どもの姿	●園生活にも慣れてきて、自分の好きな遊びを見つけ楽しんでいる。 ●自分のことは自分でしようとする姿が見られる。		
ねらい	●感じたり考えたりしながら自分のイメージを表現することを楽しむ。	主な活動	●保育者や友達といっしょにコーナー遊びをする。

時間	子どもの活動内容	保育者の援助	環境構成など
8:30	●挨拶を交わし登園する。 ●身の回りの始末をする。 ●コーナー遊びをする。 　ままごと、ボウリング、ブロック、積み木、塗り絵、粘土	●名前を呼びかけ、笑顔で挨拶をし、安心して園生活に入ることができるようにする。 ●一人ひとりとスキンシップをとり、視診をする。 ●やる気が出るような声かけをし、自分でしようとする姿を見守る。必要に応じて援助する。 ●保育者もいっしょに遊び、楽しさを伝える。 ●危険な遊び方をしていないか、常に全体に目を配る。	●おもちゃはかごから出し、すぐ使えるようにしておくことで、遊びに入りやすい環境を作る。 ●タオル掛けの向きや場所を固定し、自分の場所を覚えやすくする。 ●遊びのコーナーを整える。
10:20	●片づけ、排泄(はいせつ)、手洗い、うがいを済ませる。	●部屋におもちゃが散乱しないよう、子どもが次のコーナーに行く際には、片づけをするよう声をかける。	
10:40	●朝の会に参加する。 　・挨拶をする、点呼を受ける。	●ごっこ遊びや模倣遊びを楽しむなかで遊びが発展するよう、保育者は子どものイメージを理解して関わるとともに、友達との関わり方を伝える（物を借りたいときは「貸して」、仲間に入れて欲しいときは「入れて」と言うなど）。	●子どもたちの集まり具合に合わせて机を出し入れする。 ●子どもや保育者の動線を考慮して環境設定をする。 ●窓を開け、換気をする。 ●衛生的で掃除・整理が行き届いた環境を整える。
11:20	●片づけ、排泄、手洗い、うがいを済ませる。点呼を受ける。	●片づけが楽しく行えるよう声かけをする。視診を行う。	●片づけの場所がわかりやすいよう、写真やイラストをつける。

時間	子どもの活動内容	保育者の援助	環境構成など
11:35	●昼食をとる。 　・弁当・給食準備、片づけ、食休み。 ●戸外遊びをする。 　ぶらんこ、滑り台、砂場、固定遊具	●楽しい雰囲気で食事ができるようにする。 ●自分で遊びを見つけられていない子には様子を見て声をかける。 ●全体に目を配り、常に人数を把握する。	
13:30	●片づけ、排泄、手洗い、うがいをする。 ●降園準備をする。	●自分が使った物以外も片づけるよう声かけをする。 ●忘れ物がないか自分で気づけるような声かけをする。	●子どもに見えやすい位置に持ち帰る物を置く。
13:40	●帰りの会に参加する。	●明日に期待をもてるような声かけをする。	●全員が帰りの会の場に入れるように、子どもたちを保育者のそばに集める。
14:00	●1号認定児、降園する。 ●2号認定児は、だいち組に移動する。 ●好きな遊びをする。	●笑顔で挨拶を交わし、保護者にその日の子どもの様子を伝える。 ●だいちの時間の保育者に、14：00までの子どもたちの様子や、特に注意して見てもらいたい子どもの様子、保護者に伝えてもらいたい事柄を伝達する。 ●連絡ノートを活用し、保育者間で連絡漏れがないようにする。	
15:15	●おやつを食べる。		
16:00〜18:30	●順次降園。		

※本園の保育時間については、34ページをご覧ください。

自己評価の視点

子どもの育ちを捉える視点
- 自分が好きな遊びを見つけ、遊ぶことができていたか。
- 自分の感情や気持ちを伝えながら、保育者や友達と楽しく関われていたか。

自らの保育を捉える視点
- 子どもが自由に遊べる時間を多く設けることができていたか。
- 子どもの興味を引く環境設定ができていたか。

6月

月案 ……… p52
週案 ……… p54
日案 ……… p56
保育の展開 … p58

子どもの姿と保育のポイント

園生活に慣れ、緊張が和らいでくるとき

　生活に慣れてのびのびと過ごせるようになる一方、けがのリスクも多くなります。危険箇所を再チェックして安全に過ごせるようにするとともに、清潔に保つよう心がけましょう。

梅雨の季節も、心も体も元気

　雨の日は室内で遊ぶことが増えるので、子ども同士の関わりも多くなり、トラブルも起こりやすくなります。そんなときは、保育室の遊びを充実させ、遊び込める環境設定をしたり、新聞紙をちぎって遊ぶなど気持ちを発散できる活動を取り入れたりするなどのくふうをしましょう。
　それでもトラブルが起きてしまったら、「友達と同じもので遊びたい」など子どもの気持ちを受け止め、焦らず対応していきます。
　また晴れた日には、水や泥で遊んだり、体操したりと外で思い切り遊んで、心身の安定を図れるようにしましょう。

今月の保育ピックアップ

子どもの活動

雨上がりは、発見がいっぱい

この時期ならではの、かたつむり、かえる、あじさいなど、たくさんの発見を楽しみましょう。子どもたちが発見した物をいろいろな活動に生かして楽しみます。

子どもの活動

晴れの日は、思い切り戸外遊び

水遊びや泥遊びをはだしで楽しむなど、気持ちを解放できるようにします。
4、5歳児と手をつないで散歩にも出かけます。

6月のテーマ

園は楽しいね！
雨の日も晴れの日も、
楽しみいっぱい。

保育者の援助

いろいろな素材や道具に触れる機会を

パステル、絵の具、のりやはさみなど、いろいろな素材や道具を準備して製作を楽しめるようにします。子どもたちの好きなお店やさんの商品を作れば、雨の日のごっこ遊びにもつながります。父の日には、似顔絵を描いてプレゼントします。

これもおさえたい！

野菜を育てて食べてみよう！

畑やプランターでの栽培を継続して楽しみます。水やりや観察が毎日の日課となり、それを楽しみに登園する子もいます。はつかだいこんなど、みんなで同じものを食べることで、「食べるの楽しい！」さらには「野菜大好き！」という気持ちにもつなげていきます。

6月 月案

前月末の子どもの姿
- 身支度のしかたなどの園生活の流れを覚え、自分でやってみようとする姿が見られる。
- 保育者に親しみをもつ。また、いっしょに遊ぶなかで、周りにいる友達の存在に気づき始めている。

	ねらい	子どもの活動内容
養護	◇保育者や友達に自分の思いを伝えようとする。 ◇冷水摩擦や水遊びの気持ちよさや楽しさを味わう。	◇室内や固定遊具を使うときの約束を再確認する。 ◇衣服の着脱を自分で行い、冷水摩擦や水遊びを楽しむ。
教育	◆この時期ならではの発見や活動を楽しみ、季節を感じる。 ◆栽培、収穫を楽しみ、みんなでいっしょに食べる喜びを感じる。 ◆いろいろな素材に触れながら、製作を楽しむ。 ◆大好きなお父さんやおうちの人に感謝の気持ちをもつ。 ◆避難訓練で、園庭に逃げる方法を知る。	◆室内ではごっこ遊びや製作、戸外では水を使った遊びなどを十分に楽しむ。 ◆散歩に出かけ、かたつむりやかえる、あじさいなど梅雨の自然に気づき、遊びに取り入れる。 ◆栽培したはつかだいこんを収穫し、絵を描き、おいしく食べる。 ◆カレーライスの日には、みんなでいっしょにカレーライスを食べる。 ◆たんぽ筆、パステル、のり、絵の具を用いて製作を楽しむ。 ◆父の日に向けておうちの人の似顔絵を描き、「ありがとう」の気持ちをもつ。 ◆非常ベルを聞いて保育者のそばに集まり、園庭に逃げる。

教育活動後の時間

認定こども園等

●好きな遊びにじっくりと取り組む。 ●梅雨の時期を、安全で衛生的に過ごす。 ●5歳児の行動や遊びに興味をもつ。	●晴れの日は砂遊びや虫探し、固定遊具、雨の日は室内にさまざまな遊びのコーナーを作り、好きな遊びを十分に楽しむ。 ●5歳児の当番活動を見たり、いっしょに遊んだり、行動をまねたりする。

今月の食育
- 野菜の収穫や収穫物を生かした活動を通して、興味、関心を深める。
- カレーライスの日には、みんなで同じものを食べることを喜ぶ。

子育て支援・家庭との連携
- この時期は食中毒の心配があるので、傷みにくい弁当の食材や作り方を保護者に伝え、協力してもらう。
- 子ども同士のけんかやトラブルの原因を保護者に伝え、そうしたことも成長過程において大切であることを理解してもらう。

今月の保育のねらい

- 保育者に自分の思いを伝えようとする。
- 新しい遊びや季節を感じられる遊びなど、自分の好きな遊びを十分に楽しむ。

行事予定

- 父の日
- カレーライスの日
- 虫歯予防指導
- 誕生会
- 身体測定
- 避難訓練

◇…養護面のねらいや活動　◆…教育面のねらいや活動

保育者の援助と環境構成

◇雨の日には、室内遊びを充実させ、落ち着いて過ごせるようにする。
◇晴れの日には、気持ちを発散し解放感が味わえるよう、シャボン玉などのコーナーを設けるなどして、戸外遊びを充実させる。
◇清潔に過ごせるよう、汗をかいたら拭くことを伝える。

◆散歩で見つけたかたつむりを折り紙で折るなど、子どもたちの発見や興味を活動に取り入れる。また、散歩では交通ルールを知らせていく。
◆栽培、収穫、収穫した物を食べることを通して、はつかだいこんをよく観察したり、触れたりする機会を設け、収穫や食べることへの楽しみ、喜びに共感する。
◆お父さんやおうちの人の頼もしさを子どもたちと話し合い、感謝の気持ちをもって似顔絵を描けるようにする。
◆避難訓練を通して、危険から身を守ることの大切さを伝えるとともに、不安にならないよう言葉をかける。

※本園の保育時間については、34ページをご覧ください。

- 天候に合わせて環境設定を行い、一人ひとりの遊びを見守る。
- 手洗い、うがいを励行したり、室内を清潔に保ったりして、衛生面に注意する。
- 5歳児や友達に興味をもち、関わりが広がるよう、配慮する。

保育資料

【歌・リズム遊び】
・園歌
・かたつむり
・宇宙船のうた
・たなばたさま

【リトミック】
・かえるのうた
・あまだれポッタン

【運動遊び】
・まけるな元気！
・まんまる体操
・プール遊び
・水遊び

【表現・造形遊び】
・ふりかけご飯を食べるぼく・わたし（パステル）
・父の日のプレゼント（似顔絵）
・キャンディーポット（たんぽ筆）
・ぬたくり
・はつかだいこん（絵の具）
・かたつむり（折り紙）

【絵本】
・わにさんどきっ　はいしゃさんどきっ
・ねえ　とうさん
・ちいさなきいろいかさ

自己評価の視点

子どもの育ちを捉える視点
- 保育者に自分で思いを伝えることができたか。
- 自分の好きな遊びを見つけて、十分に遊び込んでいたか。

自らの保育を振り返る視点
- 子どもたちが安心して思いを伝えられるような存在となり、関わることができたか。
- 子どもたちが興味をもち、遊び込めるような環境設定ができたか。

6月 週案

		第1週	第2週
ねらい		◇裏返しにならないように、衣服の着脱をする。 ◇保育者の声かけで、衣服の調節ができる。 ◆戸外遊びを十分に楽しみ、新しい遊びにも挑戦しようとする。	◇雨の日の過ごし方を知る。 ◇天気や気温の変化に注意し、健康的に過ごす。 ◆絵の具やのり、たんぽ筆など、いろいろな素材に触れ、特性や楽しさを感じる。
活動内容	養護	◇畑の水やりや、栽培物の間引きをする。 ◇冷水摩擦では、衣服の着脱を自分で行い、冷水摩擦の気持ちよさを味わう。	◇シャボン玉遊びを楽しむ。 ◇4、5歳児と散歩に出かけ、異年齢児との交流を楽しむ。
	教育	◆散歩を通して、交通ルールを知る。 ◆固定遊具（ジャンボ滑り台）で遊ぶときの約束事を知る。 ◆パステルを使った技法を知り、「ふりかけご飯を食べるぼく・わたし」を描く。	◆父の日の製作として、お父さんやおうちの人の似顔絵を描く。 ◆のりを使う製作や絵画の活動を行う（丸形の色画用紙にのりを付け、台紙に貼る）。 ◆保護者の絵本の読み聞かせの会に参加する。 ◆砂場遊びをする。
援助と環境構成		●植物の栽培では、間引きの必要性を伝え、子どもたちといっしょに行うことで、残した苗を、より大切に栽培できるようにする。また、雨の降った日の翌日は水やりが不要なことなど、水やりのタイミングも伝える。 ●冷水摩擦では、体をよくこするように言葉をかける。また、清潔を保てるように、汗をかいたら体をタオルで拭くよう言葉をかける。 ●歯と口の健康週間について伝え、歯の大切さを知り、うがいがきちんとできるようにする。	●室内を清潔に保ち、衛生面に気をつける。 ●雨の日が続くので、晴れた日に解放感を味わえるように、シャボン玉遊びなどのコーナーを設ける。 ●大好きなお父さんやおうちの人を思い、ありがとうの気持ちを込めてプレゼント作りができるよう援助する。

認定こども園等

	第1週	第2週
教育活動後の時間	●5歳児と手をつないでだいち組へ移動し、身支度を整える。 ●好きな遊びを楽しむ（戸外遊び、砂遊び、固定遊具、虫探し）。 ●雨の日はおたまじゃくしやかえるなどの簡単な製作を楽しむ。 ●5歳児の当番活動を見ておやつを食べ、ゆっくり過ごす。	●5歳児と手をつないでだいち組へ移動し、身支度を整える。 ●好きな遊びを楽しむ（虫探し、砂遊び、ボール遊び、ままごと、戦いごっこ）。 ●雨の日は壁面に大きな池を作り、作ったかえるなどを貼る。 ●5歳児の当番活動を見ておやつを食べ、ゆっくりと過ごす。
援助と環境構成	●雨の日も楽しめるよう、簡単な工程でできる製作物を用意する。 ●5歳児の刺激を受けていっしょに挑戦できることを、継続的に用意する。	●一人ひとりの体調に配慮し、ふたばの時間との活動の兼ね合いを考え、静と動の活動をバランスよく用意する。

◇…養護面のねらいや活動　◆…教育面のねらいや活動

第3週	第4週
◇保育者や友達に、自分の思いを伝えようとする。 ◇手洗い、うがいをていねいに行う。 ◆梅雨の季節を感じ、知る。	◇夏ならではの遊びを、友達といっしょに楽しむ。 ◆水着の着脱ができ、それを畳めるようになる。 ◆友達といっしょに遊ぶことを楽しむ。
◇友達と思いを伝え合いながら、いっしょに遊ぶ。 ◇身体測定の際、順番を守ろうとする。	◇保育者や友達と、プールや泥遊びの楽しさ、気持ちよさを味わいながら、いっしょに遊ぶ。 ◇はつかだいこんの収穫をし、食べる。
◆たんぽ筆を使い「キャンディーポット」を描く。 ◆太筆を使い「ぬたくり」をする。 ◆かたつむりやかえる、あじさいなど、梅雨の動植物に触れたり、観察したりする。 ◆避難訓練に参加する（園庭退避）。	◆絵の具を使い、はつかだいこんを描く。 ◆誕生会に参加する。 ◆折り紙で「かたつむり」を折る。 ◆ごっこ遊びに興味をもつ。
●友達との関わりが広がり、トラブルも増えるため、そのつど両者の気持ちを受け止め、自分の思いを言葉にして相手に伝えられるように援助する。 ●絵の具を使って、のびのびと描く楽しさを味わえるような教材を用意する。 ●避難訓練のときには、子どもたちが不安にならないように、事前に非常ベルが鳴ることを伝える。また、危険から身を守ることの大切さも伝える。	●プールの中での約束事を伝え、水を怖がる子には、徐々に慣れるように、砂場で水遊びをしたり、小さなビニールプールを用意したりする。 ●はつかだいこんを描く際には、半分に切って中身を見たり、触れたりできる機会を設ける。 ●4、5歳児クラスで行っているごっこ遊びにも参加できるよう、保育者が誘いかける。 ●子どもたちが興味をもっているものや好きなことが、ごっこ遊びに発展するように環境設定する。

※本園の保育時間については、34ページをご覧ください。

●5歳児と手をつないでだいち組へ移動し、身支度を整える。 ●好きな遊びを楽しむ（戸外遊び、砂遊び、虫探し、廃品遊び、ブロック）。 ●保育者や5歳児といっしょに壁面に作った池にパステルで水草を描き足したり、折り紙の花などを貼ったりして楽しむ。	●5歳児と手をつないでだいち組へ移動し、身支度を整える。 ●好きな遊びを楽しむ（戸外遊び、砂遊び、虫探し、廃品遊び、ブロック）。 ●異年齢児とだからこそできる遊びを楽しむ。 ●5歳児の当番活動を見ておやつを食べ、ゆっくりと過ごす。
●毎日お迎えまで過ごす保育室に愛着がもてるように、子どもたちの作った作品を飾っていく。	●だいち組での生活にも慣れてくるため、異年齢の友達との関わりが広がるようなきっかけ作りをしていく。 ●天気や気温に合わせて衛生面、安全面に配慮する。

6月 日案

6月11日(月)

前日までの子どもの姿	●保育者といて安心していた子が、遊びのなかで友達を見つけ、いっしょに楽しんだり、少しずつ遊び込んだりする姿が見られるようになってきた。反面、遊びが長く続かず、やりたい遊びがなくなって不安になってしまうことがある。

ねらい	●友達や保育者と関わりながら砂場遊びを楽しむ。	主な活動	●砂場遊びをする。

時間	子どもの活動内容	保育者の援助	環境構成など
8:30	●登園し、友達や保育者と挨拶を交わす。 ●所持品の始末をする。 ●好きな遊びをする。 〈室内〉ままごと、塗り絵、ブロック、電車ごっこ 〈戸外〉砂遊び、ぶらんこ、固定遊具	●名前を呼びかけ、笑顔で挨拶する。 ●一人ひとり視診をする。 ●自分でしようとする気持ちを認めながら、必要に応じて声かけや援助をする。 ●一人ひとりが好きな遊びを見つけ遊べているか、危険はないか、見守る。 ●気温に応じて衣服の調節や水分補給の声かけをする。	●いくつかのコーナーを用意し、遊びに入りやすい環境を作る。 ●梅雨の季節なので、天候を見て室内、戸外の活動を柔軟に組む。
10:20	●片づけ、排泄、手洗い、うがいを済ませる。		
10:35	●朝の会に参加する。 ・歌をうたう、挨拶をする、点呼を受ける。 ●保育者の話を聞く。 ●上履きの中に靴下を入れ、はだしになる。 ●色帽子をかぶり、砂場へ行く。	●点呼を取り、再度視診をする。 ●砂場のおもちゃを見せ、使ってみたいと思えるように話をする。 ●水遊び用の水道を使うときの約束事を伝える。 ・順番に並んで使う。 ・水を入れるときは「10」数える。 ・水を入れたら必ず水道の水を止める。 ●砂場の気持ちよさを伝えながらも、はだしになりたくない子には無理にならなくてもよいことを伝える。	●遊具やしかけは、あえて人数分用意しないことで、いっしょに遊ぶなど友達同士で関われるようにする。

時間	子どもの活動内容	保育者の援助	環境構成など
10:50	●砂場遊具や、保育者が用意したしかけで遊ぶことを楽しむ。 ●砂場遊具を友達と貸し借りしながら遊ぶ。 ●片づけをする。 ●排泄、手洗い、うがいを済ませ、保育室へ戻る。	●一人ひとりの様子をよく見て、くふうしたりおもしろい発見、遊び方があれば認め、他児にも伝えていく。 ●砂場遊具の貸し借りができるよう声をかけていく。 ●遊びに入れない子へ声をかけたり遊び方を提案したりする。 ●友達がどんな遊びをしていたか気づけるように声かけをしたり、今後さらに砂場遊びに興味がもてるように話をしたりする。	●砂場に遊具やしかけを用意しておく。 穴を開けてストローを通す 牛乳パック　ひもをつける ビニールテープ ペットボトル 牛乳パックを切る
11:30	●昼食をとる。 ・弁当・給食準備、片づけ、食休み。	●マナーを守って、楽しい雰囲気のなか食事ができるよう声かけをする。 ●一人ひとりに応じた声かけをする。	
13:50	●片づけ、排泄、手洗い、うがいを済ませる。 ●降園準備をする。 ●帰りの会に参加する。	●今日の遊び、活動を振り返り、翌日の登園に期待がもてるような話をする。	
14:00	●1号認定児、降園する。 ●2号認定児は、だいち組に移動する。 ●好きな遊びをする。	●笑顔で挨拶を交わし、保護者にその日の子どもの様子を伝える。 ●だいちの時間の保育者に、14：00までの子どもたちの様子や、特に注意して見てもらいたい子どもの様子、保護者に伝えてもらいたい事柄を伝達する。	
15:15	●おやつを食べる。	●連絡ノートを活用し、保育者間で連絡漏れがないようにする。	
16:00〜18:30	●順次降園。		

※本園の保育時間については、34ページをご覧ください。

自己評価の視点

子どもの育ちを捉える視点
●砂場遊びを行うなかで解放感を味わっていたか。
●周りの友達を見て、いろいろな遊び方があることに気づけていたか。

自らの保育を捉える視点
●子どもが砂場で遊び込めるような環境設定ができていたか。

4・5・6月 保育の展開

ドキドキの入園式

新入園児はもちろん、保護者も緊張してしまう入園式。「ようこそ！」「待っていたよ」という気持ちが伝わる一日にしましょう。

🌸 新入園児と保護者の顔と名前をあらかじめ覚えておく

新入園児と保護者の顔は、児童調査票をよく見てあらかじめ覚えておきます。初めての登園となる入園式の朝は、「○○君、おはよう！ 待っていたよ」と笑顔で声をかけましょう。初日から元気に迎えられることで、子どもも保護者も、自分のことを知っていてくれた、待っていてくれたと感じ、安心感と期待をもてるようになります。

🌸 子どもが飽きずに楽しめる演出を

入園式では子どもや保護者に園の楽しさを知ってもらえるよう、堅苦しくなく、元気で楽しい進行を心がけます。子どもたちは保護者と手をつないでホールに入場し、担任に名前を呼ばれたら保護者といっしょに返事をして、席につきます。歌や手品、クイズ、パネルシアターや劇などを式のプログラムに取り入れ、その中で担任やクラスの紹介、父母の会会長や来賓の挨拶、祝電披露を行うようにし、子どもが飽きずに参加できるようにくふうします。5歳児による歌のプレゼントも子どもたちに人気です。

ホールだけでなく、保育室にも「入園おめでとう」の壁面飾りや一人ひとりの名前が載っている誕生表などを施し、楽しい雰囲気作りをします。

🌸 保護者も園に安心できる機会に

入園式では、これから手を取り合って子育てを楽しめるように、園長が保護者に園の方針をあらためて伝え、協力をお願いします。また、入園式を通じて、わが子が楽しむ様子はもちろんのこと、保育者のチームワークにも触れてもらい、翌日から安心して子どもを送り出してもらえるよう心がけます。

親子行事

親子で遊ぼう！ ハッピーデー

5月末の土曜日に子どもと保護者が一堂に集まって楽しむ日が「ハッピーデー」。園に慣れてきた子どもといっしょに、保護者も体を動かして遊びます。

4・5・6月 保育の展開

子ども、保護者、保育者、みんなが楽しい！

　園生活に慣れてきた子どもたち。大好きになった園に保護者が来てくれることを喜び、できるようになったことを見せたり、保護者と思う存分触れ合ったりして遊びます。

　また保護者も、子どもの成長した姿や遊ぶ様子など、普段は目にできない園生活を見ることができ、楽しんでいます。園で行っている体操や、だっこやおんぶなどのスキンシップいっぱいの触れ合い遊びを知ってもらいましょう。

　保育者は子どもたちが保護者といっしょに過ごす様子を楽しみながら見守ります。保護者に積極的に声をかけてコミュニケーションをとり、今後の保育につなげていくようにします。

家庭でもできる遊びを提案

　せっかく来てくれた保護者と子どもを離すことはせず、新聞紙やタオルを使った親子で楽しめる遊びを提案します。「これなら家庭でもできる！」と喜ぶ保護者の姿も、多く見られます。

　動き慣れていない保護者もいるので、子どもの体調だけでなく、保護者の様子もよく見て、気温やけがなどに留意しながら進めましょう。

リトルコーンを使って園ならではの遊びも

　親子遊びには、リトルコーンが活躍します。2個重ねて持ち、ソフトクリームに見立てて、落とさないように走ったり、園庭にたくさん並べて、倒すバイキンチームと立て直すお医者さんチームに分かれて遊ぶなど、園ならではの遊びを盛り込みましょう。

4・5・6月 保育の展開

園内巡りで安全チェック

地図を片手にみんなで探検して、園内を知っていくと同時に、危険な場所や注意点、遊具の使い方などを子どもたちに伝えていきます。

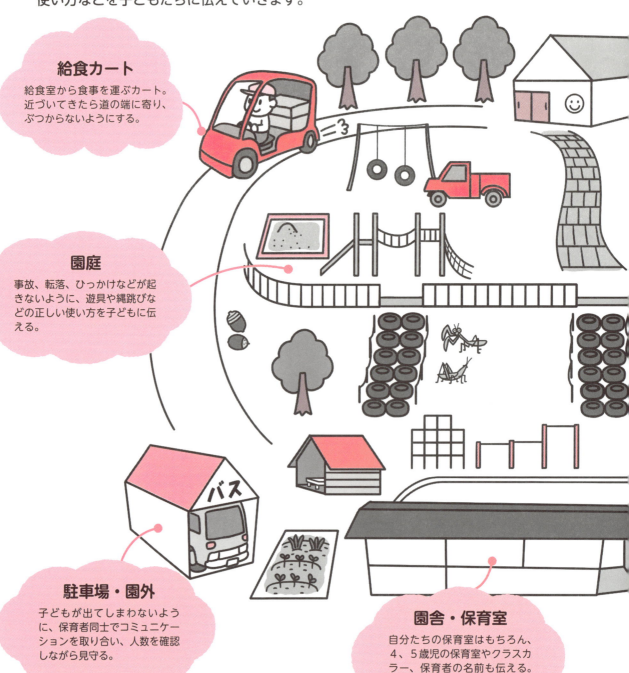

給食カート
給食室から食事を運ぶカート。近づいてきたら道の端に寄り、ぶつからないようにする。

園庭
事故、転落、ひっかけなどが起きないように、遊具や縄跳びなどの正しい使い方を子どもに伝える。

駐車場・園外
子どもが出てしまわないように、保育者同士でコミュニケーションを取り合い、人数を確認しながら見守る。

園舎・保育室
自分たちの保育室はもちろん、4、5歳児の保育室やクラスカラー、保育者の名前も伝える。テラスを走らないこと、トイレの使い方なども確認する。

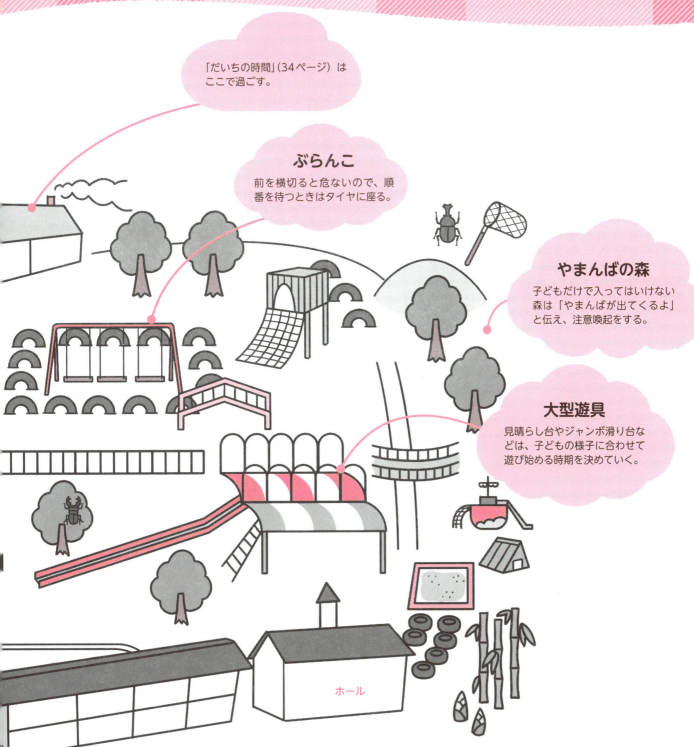

4・5・6月 保育の展開

遊び 選んで楽しむコーナー遊び

保育室の中と外の両方に、コーナー遊びが楽しめる環境を設定。自分で選んだ遊びを楽しみながら、遊びや友達との関わりを広げられるようにします。

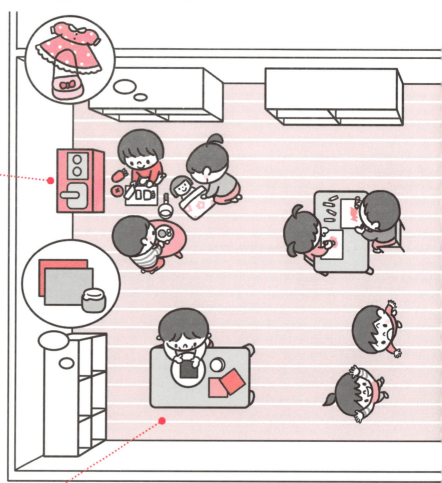

家庭的な雰囲気の中で安心して過ごせるコーナー

春は園に慣れ、楽しい場所と思ってもらえるよう、家庭でなじみがある遊びのコーナーを設けると、好きな遊びを見つけやすくなります。楽しんでできる遊びが一つでもあると、翌日の登園に意欲がもてます。作った物は持ち帰れるようにすると、保護者にも子どもが園でどんな遊びをしたのかが伝わり、安心してもらえます。
〈例〉ままごとコーナー、積み木・ブロックコーナー、塗り絵コーナー、製作コーナー（お面、ステッキなど）

〈製作コーナーの例〉

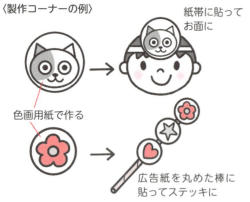

一斉活動で経験した技法で遊べるコーナー

一斉活動では、子どもが十分に楽しめなかったり、楽しめても技法を理解するまでに至らなかったりすることがあります。そこで、一斉活動で取り組んだことをコーナー遊びにして、十分に遊び込めるようにします。保育者が再度、一人ひとりに技法を伝えることもあります。製作した物を使って、ごっこ遊びに発展することもあります。

〈例〉

友達と関わりながら遊べるコーナー遊び

同じ遊びを通して、気の合う友達が見つけられるようにします。物の貸し借りや順番など、集団生活のルールを学べるようにしていきます。
〈例〉輪投げ、ボウリング

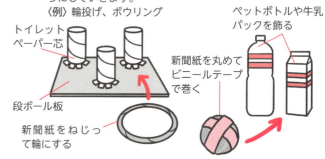

4・5・6月 保育の展開

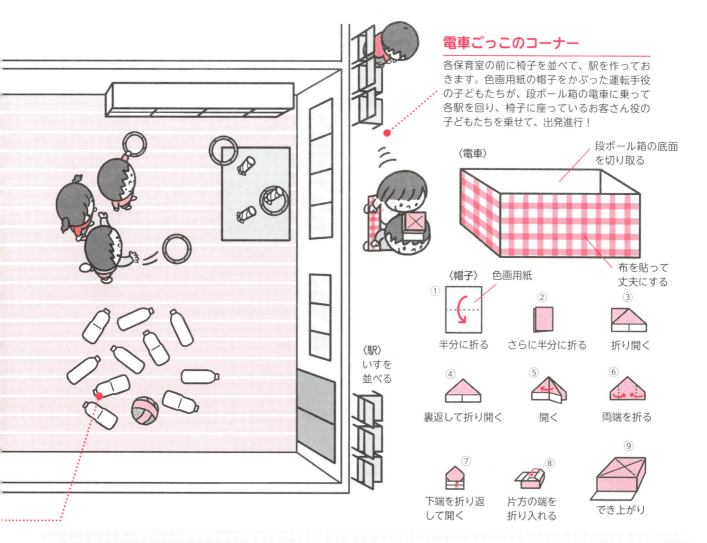

電車ごっこのコーナー

各保育室の前に椅子を並べて、駅を作っておきます。色画用紙の帽子をかぶった運転手役の子どもたちが、段ボール箱の電車に乗って各駅を回り、椅子に座っているお客さん役の子どもたちを乗せて、出発進行！

〈電車〉
- 段ボール箱の底面を切り取る
- 布を貼って丈夫にする

〈駅〉いすを並べる

〈帽子〉色画用紙
① 半分に折る
② さらに半分に折る
③ 折り開く
④ 裏返して折り開く
⑤ 開く
⑥ 両端を折る
⑦ 下端を折り返して開く
⑧ 片方の端を折り入れる
⑨ でき上がり

●「たまご」で楽しいお集まり

お集まりの時には、「たまごのうた」に合わせて、活動で使う物（ペープサート、パペット、エプロンシアター、シルエットクイズ、絵本など）を大きな卵（41ページ参照）の中から出します。毎日繰り返し行うことで、保育者が卵を持って椅子に座ると子どもたちが自然に集まり、「♪たまご たまごが」と、歌いだすようになります。

4・5・6月 保育の展開

遊び のびのび楽しむ 砂場で水遊び

砂や泥水の感触を楽しみ、気持ちを発散します。遊びながら砂場道具の扱い方や片づけ方を知ったり、友達との関わりが広がるきっかけにもなります。

雨樋やビニル管でひと工夫
雨樋や塩化ビニル管を山に立てかけて水を流したり、そこに砂のお団子を転がしたりします。また塩化ビニル管を砂山に挿して、中に水を入れ、いっぱいになったら引き抜くと、勢いよく水が飛び出すので、子どもたちは大喜びです。

砂山に塩化ビニル管をさし、水を入れる　引き抜く

500mlのペットボトルは水運びに大活躍！
ペットボトルは口の部分が蛇口にぴったりの上、透明で中が見えるので入っている水の量がわかります。さらに子どもたちでも片手で持てるので扱いやすい道具です。

砂や水の感触で開放的な気持ちに

水遊びや泥遊びでは、子どもたちが自然と穴を掘り始め、水が溜まるところに海や川ができます。すると、子どもたちははだしになって入り「気持ちいい！」と気持ちを解放して遊び出します。自分の気持ちを出せなかった子どもたちも表情が明るくなったり、友達関係が広がったりします。

牛乳パックで作った水の出るしかけ

上から入れた水がストローから出て、子どもたちに大人気！ 貸し借りをしたり、順番を守ったりと友達との関わりももてます。

牛乳パックの上部を切り取る

小さく穴を開けてストローをさす

テーブル＆椅子で遊びが発展

「ご飯を作る」「お団子を作る」という遊びが、テーブルや椅子があることによりおうちごっこ遊びに発展！ おうちごっこのほか、お団子やさん、色水やさん、レストランといったお店やさんごっこなど、遊びが広がります。

4・5・6月 保育の展開

月案	p68
週案	p70
日案	p72
保育の展開	p82

・7月は、認定に応じて以下の保育を行います。
●1号認定児……第4週は夏休み。
●2号認定児……第4週はだいち組に登園し、終日異年齢で過ごす。

子どもの姿と保育のポイント

楽しい夏の始まり

　7月は泥、水、プール、色水、シャボン玉など、いろいろな夏の遊びを楽しむ子どもたちの姿が見られるようになります。
　仲よしの友達といっしょにいる楽しさを感じ始める頃です。子どもが自分の気持ちを伝えきれないときには保育者が気持ちを受け止めたり、言葉を補ったりして援助しましょう。

全身を使って砂や水で遊び、解放感を味わう

　太陽の下での水遊びはとても気持ちがよいものです。暑いなかでも「気持ちよい」「また遊びたい」という気持ちになれる遊びをたくさん取り入れていきましょう。

夏を快適に過ごすために

　湿度が上がるので、健康管理に注意しましょう。蒸し暑い日には扇風機や冷房をうまく使い、設定温度や外気温を考慮しながら快適に過ごせるようにします。汗をよくかくので、こまめに水分補給を促しましょう。
　戸外で遊ぶときには帽子をかぶるほか、木陰で遊ぶ時間も作っていきます。

子ども一人ひとりの1学期の育ちを見つけて

　1学期まとめの時期です。好きな遊びが見つけられたか？　遊びのなかでどんな育ちが見られたか？　先生や園が大好きになったか？　ポイントを絞ってしっかりと見ていき、2学期へとつなげます。家庭とも育ちを共感し、夏休みの過ごし方などを発信していきましょう。

今月の保育ピックアップ

新要領・新指針の視点で

子どもの活動
水を使って遊ぼう

バケツに水を入れて走るバケツリレーや、牛乳パックに油性ペンで描いた魚を水に浮かべる魚釣りなどの遊びで、水に親しみます。水に、絵の具やあさがおなどの自然物を混ぜる色水遊びでは、ジュースやさんに変身してごっこ遊びも楽しめます。

子どもの活動
水や氷でお絵かき

段ボール板に水や氷を使って絵を描くと、あっという間に消え、消えたところに何度でも描ける不思議さが味わえます。また、箱の中に敷いた和紙に絵の具を垂らし、氷を入れて転がすと、氷が溶けて和紙染めができます。

7月のテーマ
水や砂などに触れ、
夏の遊びを
思い切り楽しむ。

保育者の援助
活動と休息をバランスよく

水や砂の感触を味わったり、試したりする機会を多く作りましょう。水遊びに不安をもっている子には、友達が楽しんでいる姿を見せたり、保育者がともに遊んだりして、安心できるよう関わります。夏の遊びを通じて解放感を味わえるようにする一方、一人ひとりの健康状態を確認しながら、活動と休息のバランスがとれるように配慮しましょう。

これもおさえたい！
掃除を兼ねて洗濯ごっこ

1学期まとめの掃除として、洗濯ごっこをします。おけやテーブル、洗濯ハンガーを用意して、ままごとで使った洋服やぬいぐるみを洗います。使った物をきれいにして、大切に使うことも伝えます。

7月 月案

前月末の子どもの姿
- 園生活の流れがわかってきて、少しずつ身の回りのことに取り組む様子が見られるが、個人差が大きい。
- 友達との関わりが多くなるとともに、トラブルが頻繁に発生する。その際、自己主張が激しく、子ども同士では解決できないことが多い。

	ねらい	子どもの活動内容
養護	◇自分のことを自分でできる喜びを味わう。	◇水着の着脱や始末を行う。
教育	◆友達との関わりを楽しみながら、夢中になって遊ぶ。 ◆七夕祭りや、夏祭りに期待をもち、製作や盆踊りなどを楽しむ。 ◆夏ならではの遊びを思い切り楽しむ。 	◆七夕飾り作り（のり、はさみの連続切り）。 ◆七夕祭りに参加する。 ◆夏祭りに向けて、みこし作りやちょうちん作り、盆踊りの練習、金魚すくいなどのお店やさんごっこをする。 ◆水遊び、プール遊びをする。 ◆野菜の収穫をする。 ◆保育室の掃除、道具箱の整理整頓を行う。 
教育活動後の時間	**認定こども園等** ●友達といっしょに好きな遊びを楽しむ。 ●水分補給や、汗をかいたら着替えるなど、熱中症対策について知り、意識して行う。	●虫探しや砂場での水遊びなど、夏ならではの遊びを楽しむ。 ●室内では、5歳児とペアになって触れ合い遊びやブロック、パズル、廃品遊びを行う。 ●水遊びなどの後は、体調を見て午睡や休息をとる。

今月の食育
- 5月に植えたきゅうり、ミニトマト、枝豆などの生育に興味をもち、自分で育てた野菜を収穫して食べる喜びを感じる。

子育て支援・家庭との連携
- プール遊びが多くなるので、健康状態（水いぼ、とびひなど）に気をつけ、保護者と伝え合う。
- 熱中症対策として、水筒を持ってくるよう伝える。また、弁当に保冷剤を入れてもらう。

 7月 ▶ 7月_月案

今月の保育のねらい

- 園生活の流れを理解し、できることは自分でやってみようとする。
- 自分の好きな遊びを見つけ、保育者や友達といっしょに楽しむ。
- 夏の自然現象や遊びに興味をもつ。
- 子ども同士の衝突の際は、しっかりと見守り、手を出す子には自分の思いを言葉で伝え、相手の思いも知ろうとするよう伝える。

行事予定

- 七夕祭り
- 誕生会
- 避難訓練
- 終業式
- 身体測定

◇…養護面のねらいや活動　◆…教育面のねらいや活動

保育者の援助と環境構成

◇約束事や決まり、生活習慣を確実に身につけられるよう、繰り返していねいに伝え、自信につなげていく。
◇自分で行おうとする意欲を認める。

◆一人ひとりが自分の好きな遊びを楽しめるようになってきたなかで、友達との関わりを楽しめるよう援助したり、同じ遊びに共感できるようにしたりしていく。
◆製作やごっこ遊び、水遊びなど、子どもたちがこの季節ならではの遊びを楽しめるようにする。
◆はさみの危険性を伝え、注意深く切るよう使い方を教える。
◆保育者は子どもとともに動植物との生活を楽しみ、その生長過程を観察して喜びを共感する。

※本園の保育時間については、34、66ページをご覧ください。

- 扇風機やクーラー、木陰を上手に使い、熱中症に注意して快適に過ごせるようにする。
- 静と動の時間のバランスを考え、休息をしっかりとる。

保育資料

【歌・リズム遊び】
- たなばたさま
- 宇宙船のうた
- きらきら星
- ヤッホッホ！夏休み
- うみ
- たこ
- アメチョコさん
- やさいおんど

【運動遊び】
- 水遊び
- プール遊び

【表現・造形遊び】
- 七夕飾り（のり、はさみの連続切り）
- みこし作り
- ちょうちん作り

【絵本】
- 四季のえほん　なつですよ
- たなばたウキウキねがいごとの日！
- たなばたプールびらき

自己評価の視点

子どもの育ちを捉える視点

- 自分でできることをやってみようとしていたか。
- 好きな遊びを見つけて保育者や友達といっしょに楽しむ姿が見られたか。

自らの保育を振り返る視点

- 子どもたちが育てた野菜を収穫して食べることで、食への興味、関心をもたせることができたか。
- 友達のよさに気づき、いっしょに活動する楽しさが味わえるような関わりができたか。

7月 週案

		第1週	第2週
ねらい		◇夏の遊びに期待をもつ。 ◇水着の着脱や始末を、自分でしようとする。 ◆七夕の由来を知り、七夕飾りを作ることを楽しむ。	◇自分の好きな遊びを見つけ、保育者や友達といっしょに楽しむ。 ◆夏祭りに向けて、みこし作りやちょうちん作りに興味をもって参加する。
活動内容	養護	◇水着の着脱や始末をする。	◇衣服の着脱や水着の始末など、自分のことは自分でする。
	教育	◆水の感触を味わいながら、友達とプール遊びを楽しむ。 ◆七夕の由来を聞き、七夕飾りを作る（短冊書き、輪つなぎ、三角つなぎ、四角つなぎ、たこ）。 ◆「たなばたさま」をうたう。	◆七夕祭りに参加する。 ◆虫捕りに挑戦し、水を使った砂場遊びも楽しむ。 ◆水の感触を味わいながら水遊びを楽しむ。 ◆友達と協力して、クラスのみこしや夏祭りに飾るちょうちんを作る。 ◆生育を楽しみに畑に水をまき、できた野菜を収穫して、友達や保育者といっしょに食べる。
援助と環境構成		●七夕の由来を、絵本やパネルを使ってわかりやすく伝える。 ●はさみの持ち方、のりの量やつける場所に気をつけるよう促し、七夕飾り作りを楽しめるようにする。 ●プールでは、ボールやフープ、じょうろなどを用意しておく。 ●水着の着脱、始末のしかたは、一人ひとりに応じた声かけや手助けをし、できたときには十分に認める。 ●七夕の笹がサラサラ揺れる様子に気づくことができるような声かけをする。	●七夕祭りでは、星の世界の雰囲気を感じられるよう、ホール内の環境を設定する。また保育者が七夕の由来の劇を行い、興味、関心をもてるようにする。 ●4、5歳児が作っているみこしを見て、夏祭りで担ぐみこし作りに期待して参加できるようにする。一人ひとりが自分たちのみこしを作るという意識がもてるように配慮する。 ●毎日畑に水をやりに行くなかで、野菜の生育の様子や色の変化に気づき、自分たちで育てた野菜をみんなで食べるうれしさを感じられるようにする。

認定こども園等

	第1週	第2週
の教育活動後の時間	●5歳児といっしょにだいち組に移動し、身支度を整える。 ●好きな遊びを楽しむ（砂遊び、虫探し、草花遊び、ままごと、廃品工作、折り紙）。 ●おやつを食べ、ゆっくりと過ごす。気温により戸外で過ごす。	●5歳児といっしょにだいち組に移動し、身支度を整える。 ●好きな遊びを楽しむ（折り紙、廃品遊び、スタンピング、室内での簡単なゲーム）。 ●おやつを食べ、ゆっくり過ごす。気温により戸外で過ごす。
援助と環境構成	●子どもたちが見つけた遊びをじっくり楽しめるよう、時間をたっぷりとる。 ●熱中症に注意し、水分補給の声をかけ、涼しくなった夕方に戸外で遊ぶなど配慮する。	●熱中症への配慮、水分補給、室内の環境設定、温度調節をする。 ●簡単なゲームを取り入れ、友達との関わりが広がるように援助する。

◇…養護面のねらいや活動　◆…教育面のねらいや活動

第3週	第4週
◇夏祭りに期待をもって盆踊りを楽しむ。 ◆夏休みに向けて、ロッカーの中やおもちゃ箱の整理整頓をする。	◇だいち組で過ごす1日の流れを知る。 ◆水の感触を味わいながら、プール遊びを楽しむ。
◇自分の身の回りのことを自分でしようとする。 ◇終業式に参加する。	◇気温に応じて衣服の調節をしたり、汗を拭いたり、水分補給をしっかりしたりする。
◆おもちゃや身の回りを整理し、夏休みを迎える準備をする。 ◆8月に行われる夏祭りについて知り、盆踊りの練習をする。	◆プール遊びや夏ならではの遊びを十分に楽しむ。 ◆身近な虫に触れる。 ◆野菜の生長に気づく。 ◆色水遊びや金魚すくいごっこなどをする。
●金魚すくいやヨーヨー釣り、みこし担ぎなど、夏祭りについての話をし、期待をもてるようにする。 ●みんなで輪になって、保育者のまねをしながら盆踊り（やさいおんど）を楽しく踊る。 ●今まで使ってきたロッカーの中やおもちゃを片づけ、部屋をきれいな状態にして夏休みを迎えられるようにする。 ●終業式では1学期の楽しかったことなどを振り返り、健康で安全な夏休みとなるよう、話をする。また、保護者と決めた約束を守り、規則正しい生活が送れるように呼びかける。	●絵の具やペットボトル、プリンのカップなどを用意し、色水遊びやジュースやさんごっこができるようにする。 ●小さいプールに牛乳パックで作った魚やボールを浮かべて、すくって遊べるようにする。 ●一人ひとりの体調をよく見て、水遊びが可能か、保護者とも連携をとる。

※本園の保育時間については、34、66ページをご覧ください。

●5歳児といっしょにだいち組に移動し、身支度を整える。 ●好きな遊びを楽しむ（虫探し、キッズヨガ、新聞紙遊び）。 ●おやつを食べ、ゆっくり過ごす。気温により戸外で過ごす。	●だいち組に登園し、午睡用タオルケットなど、所持品の始末をする。 ●水遊びをする。 ●体調のすぐれない子は室内遊びをしたり、木陰で過ごしたりする。 ●午睡、おやつのあと、ゆっくりと好きな遊びをする。
●遊んだあとは水分補給をし、休息をとり、体を休める。 ●夏休みの生活について子どもと保護者に知らせ、午睡用タオルケットなどの用意をお願いする。	●扇風機や冷房を上手に使い、快適に過ごせるようにする。 ●1号認定児は夏休みのため、だいち組の1日の生活の流れを知らせ、安心して過ごせるように配慮する。

7月 日案
7月3日(火)

前日までの子どもの姿	●保育者に親しみをもち、気の合う友達ができてきた。環境に慣れ、遊びを通して自己発揮するようになり、行動範囲が広がって動きが活発になっている。一方、友達との衝突も増えている。

ねらい	●プール遊びの約束を知り、解放感を味わう。	主な活動	●プール遊びをする。

時間	子どもの活動内容	保育者の援助	環境構成など
8:30	●挨拶を交わし登園する。 ●身の回りの始末をする。 ●好きな遊びをする。 〈室内〉ままごと（ドーナツ、パン、ポップコーン）、塗り絵、ブロック 〈戸外〉砂遊び、固定遊具、虫捕り	●名前を呼びかけ、笑顔で挨拶し、迎える。 ●一人ひとりとスキンシップをとり、視診する。 ●所持品整理の様子を見守り、自分でしようとする姿を認め、必要に応じて援助する。 ●保育者もいっしょに遊ぶなかで、一人ひとりがどんな遊びに興味をもっているか、友達関係の様子を見る。	●ままごとコーナーを用意して、家庭的な遊びに入りやすいように環境を作る。 ●朝のうちに、プールに水を張る。 ●気温、水温、水位を確認する。
10:00	●片づけ、排泄、手洗い、うがいを済ませる。水分補給をする。	●片づけのあとの活動が楽しいものであることを伝えながら、片づけを促す。	
10:15	●朝の会に参加する。 ・挨拶をする、点呼を受ける、歌をうたう。	●保育者のそばに集まれるよう、声をかける。再度、視診する。 ●連絡帳などで一人ひとりの健康状態を確認する。	
10:30	●水着に着替える。 ●プールに入るときの約束事を知る。	●着替えができるように見守り、必要に応じて援助する。 ●プールに入るときの約束事を伝える。 ・プールに入る前は、体を洗う。 ・プールの縁に立たない。 ・飛び込み禁止。 ・友達の顔に水をかけない、押さない。	

時間	子どもの活動内容	保育者の援助	環境構成など
10:45	●戸外に出る。準備体操をする。 ●シャワーを浴びる。 ●プールに入って遊ぶ。 〈動物に変身〉 ・かえる→亀→ざりがに→わになって遊ぶ。 〈シャワーのトンネルをくぐろう〉 ・ペットボトル、バケツを使って作ったシャワーのトンネルをくぐって遊ぶ。 〈水かけ競争〉 ・保育者対子どもたちで水をかけ合う。	●子どもたちの大好きな体操を取り入れて楽しめるようにする。 ●心臓より遠いところから水をかけていく。 ●一人ひとりの様子をよく見て、危険のないよう声をかけ、援助する。 ●水への不安を取り除くよう、バケツやじょうろなどの遊具を取り入れて、保育者もともに遊ぶ。 ●大きなプールを怖がるようであれば、無理せず小さなプールに誘う。	●遊具は人数分用意しないことで、友達と順番に貸し借りするなかで、関わりを図る。
11:15	●水から上がり、シャワーを浴びる。 ●目を洗う。 ●体を拭いて、着替えをする。 ●排泄、手洗い、うがいを済ませる。	●プール遊び後は、静的な遊びで体をゆっくり休められるように配慮する。	
11:45	●昼食をとる。 ・弁当・給食準備、片づけ。 ●食後は、うがいをする。食休みをする。	●マナーを守って、楽しい雰囲気のなかで食事ができるようにする。	
13:25	●片づけ、排泄、手洗い、うがいを済ませる。 ●降園準備をする。 ●帰りの会に参加する。	●一人ひとりの様子に応じて、声かけ、援助をする。	
14:00	●1号認定児、降園する。 ●2号認定児は、だいち組に移動する。 ●好きな遊びをする。	●笑顔で挨拶を交わし、保護者にその日の子どもの様子を伝える。 ●だいちの時間の保育者に14:00までの子どもたちの様子や、特に注意して見てもらいたい子どもの様子、保護者に伝えてもらいたい事柄を伝達する。	
15:15	●おやつを食べる。		
16:00〜18:30	●順次降園。	●連絡ノートを活用し、保育者間で連絡漏れがないようにする。	

※本園の保育時間については、34、66ページをご覧ください。

自己評価の視点

子どもの育ちを捉える視点
●プール遊びを行うなかで、解放感を味わっていたか。
●保育者や友達と楽しく遊べていたか。

自らの保育を捉える視点
●解放感を味わえるよう、配慮はできていたか。
●楽しい雰囲気のなかで活動ができたか。

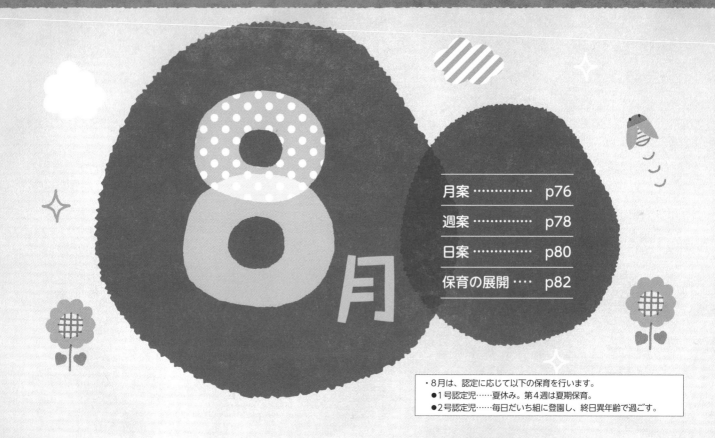

- 8月は、認定に応じて以下の保育を行います。
- ●1号認定児……夏休み。第4週は夏期保育。
- ●2号認定児……毎日だいち組に登園し、終日異年齢で過ごす。

子どもの姿と保育のポイント

縦割り保育で1日を過ごす

1号認定児は夏休みのため、2号認定児は、だいち組で4、5歳児や預かり保育の子どもたちといっしょに生活をします。普段とは違う生活の流れや保育者、友達に戸惑う姿が見られます。家庭的な雰囲気を大切にし、子どもたちの気持ちに寄り添いましょう。

遊びや当番活動を通して4、5歳児からさまざまな刺激を受け、成長が期待できる時期でもあります。自分のクラスで作っている野菜の水やりや収穫を、クラスの代表として責任をもって行ったり、給食の当番活動を4、5歳児といっしょに行ったりする経験が、2学期の成長にもつながります。

誕生会のお当番に挑戦

2号認定児は、だいち組として4、5歳児といっしょに誕生会の当番をします。プレゼント作りや司会をするなかで、誕生児を祝う気持ちも芽生えます。一人ひとりが自信をもって参加し、達成感を味わえるような配慮をしましょう。

やっぱり園が楽しい！

長い夏休みを家庭で過ごした1号認定児は、夏期保育で久しぶりに登園し、友達との再会を喜び、いっしょに遊ぶことを楽しみます。

久しぶりの園生活で疲れも出やすいため、体調管理に気をつけましょう。

今月の保育ピックアップ

新要領・新指針の視点で

子どもの活動 ダイナミックなプール遊び

3歳児のみで行ういつものプール遊びと違い、4、5歳児のダイナミックな遊び方を経験できる機会です。移動式すべり台を利用したウォータースライダーで遊んだり、みんなで「流れるプール」を作ったり、4、5歳児の泳ぐ姿を見たりして刺激を受けます。

子どもの活動 夏祭り楽しみだね！

夏期保育には、夏休み前に作ったみこしをみんなで担いだり、「やさいおんど」を踊ったりして、夏祭りへの期待を高めます。

8月のテーマ

夏の季節ならではの
行事や遊びを、
みんなで楽しむ。

保育者の援助 涼しい部屋で休息を

子どもたちは、夢中になって遊んでしまいがちです。保育者は生活リズムをより意識し、プール後はゆっくり室内で過ごしたり、午睡をしたりするなどの配慮が大切です。

保育者の援助 伝えたい気持ちを大切に

子どもたちは、夏の間に経験したことを伝えたい気持ちでいっぱいです。保育者はゆったりした気持ちで話を聞き、子どもたちの「伝えたい気持ち」を受け止めましょう。みんなの前で発表する機会を作ってもよいでしょう。

8月 月案

前月末の子どもの姿

- 友達といっしょに遊ぶなかで、自分の思いを友達に伝えようとしている。
- 身近な虫に興味をもち、虫探しを楽しんでいる。
- 2号認定児は、生活の流れの変化に戸惑いも見られたが、徐々に落ち着きを取り戻し、自分のことは自分でしようとしている。

	ねらい	子どもの活動内容
養護	◇水分補給や休息をとることの大切さを知り、保育者の声かけに応じて行うことができる。 ◇担任以外の保育者とも安心して過ごす。	◇プール遊びのあとは、室内でゆっくり過ごす。 ◇決まった時間に午睡をする。 ◇担任以外の保育者や異年齢児と過ごす。
教育	◆異年齢児と関わり、いっしょに遊ぶことを楽しむ。 ◆プールでの水遊びに興味をもち、水に触れることを楽しむ。 ◆野菜への水やりや収穫を通して、野菜の生長に興味をもつ。 ◆夏祭りに楽しんで参加する。 ◆園生活のリズムを思い出し、2学期に期待をもつ。	◆誕生会の準備、プレゼント作り、司会の練習をする。 ◆誕生会の司会をする。 ◆洗濯ごっこを楽しみ、普段自分たちがままごとで使っているエプロンやスカートなどをきれいにする。また、泡の感触を味わったり、見立て遊びを楽しんだりする。 ◆異年齢児とのプール遊びを楽しむ。 ◆野菜を収穫して調理し、食べる。 ◆夏祭りに、保護者や友達と参加し、みこし担ぎや盆踊りを楽しむ。 ◆夏期保育では、友達との再会を喜ぶ。

教育活動後の時間	認定こども園等	
	●夏ならではの遊びを楽しむ。 ●異年齢での生活のなかで刺激を受けたり、自分のことは自分で行おうとする。	●1号認定児が夏休みのため、だいち組で1日の生活を送る。 ●プール遊び、ボディーペインティング、虫捕りなど、夏ならではの遊びを楽しむ。 ●休息をしっかりとり、体調を整える。 ●8月の誕生会の準備をする。

今月の食育

- 夏休み中、家族いっしょの食事を楽しみ、食生活を大切にするように伝える。
- 園で栽培している野菜を料理して食べる。

子育て支援・家庭との連携

- 夏休み中も生活リズムを崩すことなく安全に生活できるよう保護者に呼びかける。
- 夏祭りのポスターを作り、地域の方に園行事を知らせて、遊びに来てもらう。

今月の保育のねらい

● 夏祭りや水遊びなど、夏ならではの遊びを楽しむ。
● だいち組で4、5歳児と関わって遊んだり、まねをして活動に参加したりする。
● だいち組で誕生会の準備や司会を楽しんで行う。

● 夏祭り　● 誕生会
● 身体測定　● 避難訓練

◇…養護面のねらいや活動　◆…教育面のねらいや活動

保育者の援助と環境構成

◇ こまめに水分補給の声かけを行い、脱水症状を起こさないように、十分に気をつける。
◇ 食事や午睡の時間は、エアコンをうまく活用しながら、室内の温度や湿度の調整をしっかりと行う。

◆ 一人ひとりのがんばりや成長を認め、自信をもって誕生会の司会ができ、達成感を味わえるようにする。
◆ 異年齢で関わりがもてるように、子どもたちのやり取りを見守る。
◆ 水着の着脱など、余裕をもった時間設定をし、焦らずゆっくりできるようにする。
◆ プール周辺の安全確認をしたり、保育者の配置に留意し、安全にプール遊びができるようにする。
◆ 夏祭りに期待がもてるような雰囲気作りや環境設定を行う。

※本園の保育時間については、34、74ページをご覧ください。

● 高温や湿度に注意し、快適に過ごせるように環境を整える。
● 楽しく水遊びができるよう、安全面や衛生面に配慮し、水遊び後は十分な休息がとれるようにする。
● 異年齢の関わりのなかで、自分の思いが出せるように援助する。

保育資料

【歌・リズム遊び】
・おばけなんてないさ
・やさいおんど
・たこ
・ふね

【自然遊び】
・くわがたむし、かぶとむし探し

【運動遊び】
・水遊び
・プール遊び

【表現・造形遊び】
・色水遊び
・誕生日プレゼント作り

【絵本】
・なつやさいのなつやすみ
・10ぴきのかえる　はじめてのキャンプ

8月

自己評価の視点

子どもの育ちを捉える視点

● 担任以外の保育者や異年齢児と安心して過ごせていたか。
● 誕生会の準備や、司会をすることに期待をもって、楽しんで取り組めていたか。

自らの保育を振り返る視点

● 一人ひとりとゆったり関わり、子どもたちの思いを受け止め、寄り添うことができたか。
● 誕生会の準備や司会に意欲的に取り組めるような声かけや環境設定ができていたか。

8月 週案

		第1週	第2週
ねらい		◇夏ならではの遊びを楽しむ。 ◆夏休みの約束事を、友達同士で確認し合って守る。 ◆周りの友達を気遣いながら、思いやりをもって生活する。	◇夏の生活の流れがわかり、準備や片づけを自分でしようとする。 ◆水遊びを通して水の感触を楽しむ。
活動内容	養護	◇夏帽子をかぶり、かぶとむし捕りなどの戸外遊びを楽しむ。 ◇日陰を見つけ、涼しいところで遊ぶ。 ◇午睡前に絵本や紙芝居などを見て、気持ちを落ち着かせる。	◇保育者からの暑中見舞いを受け取り、喜ぶ。
	教育	◆4、5歳児といっしょに水遊びを楽しむ。 ◆誕生会に向けての話し合いに参加するなかで、誕生会の当番のイメージをもつ。 ◆全クラスの畑やプランターの野菜に水やりをし、野菜の生長に興味をもつ。	◆誕生会のプレゼント作りをし、色塗りをする。 ◆野菜の生長を観察し、栽培を楽しむ。 ◆野菜の収穫を喜び、自分たちで育てた野菜を食べることで食材への関心をもつ。 ◆洗濯ごっこをし、普段自分たちで使っているままごとコーナーの洋服やエプロンを洗濯する。
援助と環境構成		●暑くなるので、水分補給や帽子の必要性などについて絵本などを使って伝える。 ●エアコンをうまく活用しながら温度調節を行う。 ●こまめに水分補給をし、脱水症状にならないよう十分に気をつける。 ●午睡前は落ち着いて過ごせるよう環境を整えたり、絵本や紙芝居の読み聞かせをしたりする。	●一人ひとりの健康状態を把握し、体調の変化に気をつける。 ●皮膚疾患などに気をつける。 ●水遊びの後は目を洗ったり、水分補給をして体を休めたりする。 ●誕生会に向けてイメージがもてるよう話をする。 ●異年齢児との交流がもてるような活動を取り入れる。

認定こども園等

	第1週	第2週
教育活動後の時間	●だいち組に登園し、身支度を済ませる。 ●好きな遊びを楽しむ（プール遊び、虫探し、砂遊び、ブロック、工作）。 ●誕生会について、どんな会にしたいかみんなで話し合う。 ●午睡、おやつのあと、ゆっくりと好きな遊びをする。	●だいち組に登園し、身支度を済ませる。 ●好きな遊びを楽しむ（プール遊び、虫探し、砂遊び、ブロック、工作）。 ●誕生会のプレゼントを考え、製作を楽しむ。 ●午睡、おやつのあと、ゆっくりと好きな遊びをする。
援助と環境構成	●夏休み中のため、1日中だいち組で過ごすので、友達関係をよく見て、一人ひとりの体調に配慮し寄り添っていく。 ●活動の見通しがもてるようにする。 ●保護者に園での様子を伝える。	●だいち組で行う誕生会の当番に期待がもてるようにし、話し合いのなかで自分の思いが言えるように、また友達の思いにも気づけるように配慮する。 ●安全に水遊びができるように、保護者とも連絡をとっていく。

◇…養護面のねらいや活動　◆…教育面のねらいや活動

第3週	第4週
◇気温に応じて水分補給や汗の始末を自分で行おうとする。 ◆誕生会の準備や練習を通して誕生会に期待をもつ。 ◆夏期保育に期待をもつ。	◇家庭でゆったりとしたリズムで健康に過ごし、元気に2学期を迎えられるようにする。 ◆友達や保育者との再会を喜び、夏期保育ならではの遊びを楽しむ。
◇水遊びや汗でぬれた衣服の着替えをしたり、冷水摩擦をして汗の始末をしたりする。	◇身支度などを自分で行い、園生活の流れを思い出す。 ◇友達や保育者との再会を喜ぶ。
◆4、5歳児といっしょに誕生会の司会の練習をする。 ◆4、5歳児といっしょに誕生会の飾り付けを楽しむ。 ◆水遊びを楽しむ（プール、シャボン玉、色水遊び）。 ◆木陰を見つけ、園外で虫捕りをする。	◆夏休みの思い出をみんなの前で発表する。 ◆水遊びを楽しむ（プール遊び、ホースを使ったシャワー遊び、色水遊び、シャボン玉など）。 ◆みんなで作ったみこしを担ぐ。 ◆盆踊りを踊る（やさいおんど）。 ◆誕生会に参加する。
●夏の疲れが出やすいので、休息をしっかりとり、無理なく過ごせるようにする。 ●汗をかいたら着替えることを習慣づけて、体調を崩さないよう配慮する。 ●誕生会に向けて自信をつけてみんなの前に立てるよう、司会をする姿を認めるなど、期待がもてるようにする。	●プールを海に見立てて遊ぶなど、夏休みにした経験を水遊びに生かす。 ●水に顔をつけることができるようになった子を認め、ほかの子に紹介して、チャレンジしてみたいという気持ちをもたせる。 ●「わっしょい！」と元気にかけ声を出しながらみこしを担ぐように促す。また、危険のないようにみこしを誘導する。 ●夏祭りに期待をもち、4、5歳児と関わりながら、楽しく盆踊りが踊れるような雰囲気作りをする。

※本園の保育時間については、34、74ページをご覧ください。

●だいち組に登園し、身支度を済ませる。 ●好きな遊びを楽しむ（プール遊び、虫捕り、砂遊び、ブロック、工作）。 ●誕生会の司会の言葉を考え、練習する。 ●午睡、おやつのあと、ゆっくりと好きな遊びをする。	●誕生会で、みんなで考えた司会の言葉をのびのびと発表したり、当番を張り切って行ったりしたことへの、達成感を味わう。
●夏の疲れが出る頃で、ぐずったり、友達とのトラブルが増えたり、けがにつながったりすることがあるので、一人ひとりをよく見て援助していく。 ●体調に応じて午睡の時間を調節する。	●夏期保育に入るため、ふたばの時間の保育者と連絡を密にとり、適切な援助ができるようにする。 ●誕生会の準備や当日の司会などを経験し、自信につながるよう、援助し、見守る。

8月 日案

8月17日(金)

前日までの子どもの姿	●1号認定児が夏休みの期間は、2号認定児と1号認定児の預かり保育の子どもが3、4、5歳児の混合クラスで過ごし、異年齢で関わりを楽しんでいる。また、誕生会の準備や司会をすることを知り、期待をもっている。

ねらい	●いろいろな年齢の友達との関わりを楽しむ。 ●誕生会に期待をもち、司会の練習をする。	主な活動	●プールで水遊びを楽しむ。 ●誕生会の準備をする。

時間	子どもの活動内容	保育者の援助	環境構成など
8:30	●挨拶をして登園する。 ●身の回りの始末をする。 　預かり保育の1号認定児は弁当をクーラーボックスへ入れる。 ●好きな遊びを楽しむ。 〈室内〉ブロック、積み木、ままごと、廃品工作、割り箸鉄砲、紙飛行機 〈戸外〉サッカー、虫捕り、ぶらんこ、うんていなどの固定遊具 ●片づけ、排泄、手洗い、うがいを済ませ、水分補給をする。	●名前を呼びながら挨拶し、笑顔で受け入れる。 ●一人ひとりとスキンシップをとり、視診する。 ●4、5歳児に、3歳児の身支度を見守り必要に応じて手伝うよう促す。 ●いっしょに遊びながら、さまざまな遊びや友達に興味がもてるように誘いかける。 ●人数の確認をこまめに行う。 ●水分補給するよう促す。 ●水遊びに期待がもてるよう言葉をかけ、4、5歳児にも協力を促しながら片づけを見守る。	●夏場のみ、弁当はクーラーボックスを準備し、預かる。 ●室内では、安心して遊び込めるよう、子どもたちの興味に合わせてさまざまな遊びコーナーを設ける。 ●戸外では、日影で遊ぶよう促す。
10:00	●朝の会に参加する。 ・挨拶をする、点呼を受ける、絵本を見る。	●本日の活動に期待がもてるように話をする。	
10:30	●プールで水遊びを楽しむ。	●危険がないよう配慮しながら見守り、気持ちよさ、楽しさに共感する。	●水が苦手な子にも配慮し、プールに入らなくても水の楽しさや気持ちよさが味わえるよう、小さなビニールプールやペットボトルのじょうろなどを準備する。
12:00	●手洗い、うがい、排泄を済ませる。 ●昼食 ・弁当・給食の準備をする（4、5歳児が給食の配膳をする）。 ・友達との会話を楽しみながら、マナーを守って食事をする。 ・片づける。 ・食休みをする（絵本を見る、粘土、お絵描き）。	●4、5歳児の当番活動を見ながら、いっしょにやってみたいという気持ちや、感謝の気持ちをもてるようにする。 ●楽しい雰囲気作りをする。 ●体調も気にかけながら、食事の様子を見守り、マナーなどを伝えていく。	ペットボトル　切る　ビニールテープ　穴を開けてひもを通す　穴を開ける

時間	子どもの活動内容	保育者の援助	環境構成など
13:00	●午睡 ●自分の荷物を整理し、保育室を移動する。	●一人ひとりの様子、呼吸をチェックしながら見守る。	●オルゴールの曲をかけ、安心して体を休められる環境を整える。
15:00	●おやつを食べる。		
15:30	●誕生会の準備をする。 ・司会の練習、プレゼント作り。	●誕生会に期待と自信がもてるような言葉をかける。	●3歳児と4、5歳児がいっしょになり、助け合えるようなペアを作り、司会の練習を進める。
16:00	●室内、戸外で好きな遊びを楽しむ。 〈室内〉ロフトで遊ぶ、ままごと、積み木、プラレール、割り箸鉄砲、紙飛行機 〈戸外〉鬼ごっこ、固定遊具、虫探し ●3歳児と4、5歳児でいっしょに割り箸鉄砲を作る。 割り箸　輪ゴム ●片づけ、排泄、手洗い、うがいを済ませる。 ●降園準備をする。 ●帰りの会に参加する。 ●各自、挨拶して降園する。	●徐々に友達が降園していくなかでも、安心して遊べるように子どもたちと積極的に関わる。 ●延長保育の子どもの1日の様子を、担当する保育者に伝達する。	

※本園の保育時間については、34、74ページをご覧ください。

自己評価の視点

子どもの育ちを捉える視点
- いろいろな年齢の友達と楽しく関わりながら過ごせたか。
- 誕生会の司会への期待が感じられるか。

自らの保育を捉える視点
- 3歳児と4、5歳児がたくさん関われるような援助ができたか。
- 楽しい誕生会のイメージを伝えられたか。

7・8月 保育の展開

七夕　七夕祭りでお星さまにお願い

日本で古くから親しまれている七夕。子どもたちがその由来や星の世界を知り、興味をもちながら、歌や製作の活動を楽しめるようにします。

七夕への興味を引き出す

七夕のペープサート、紙芝居、絵本などで七夕の由来を伝えます。また、星に関する絵本を見たり、笹がサラサラとゆれる音を聞いたりする機会をもち、七夕への興味と期待を広げていきましょう。「きらきら星」や「宇宙船のうた」は、七夕や夜空をイメージしてうたえるように、歌詞の意味も伝えていきます。

いろいろな七夕飾りを作る

さまざまな形の折り紙をつなげたり、輪つなぎやちょうちん飾りを作ったり、短冊を作ったりして楽しみます。製作物は、笹に飾ります。

七夕祭り当日は星の世界を十分に楽しむ

七夕祭りに向け、子どもたちが作った宇宙船や天の川、星などの製作物を飾って星の世界を作ります。当日は、ホール内を暗くして雰囲気を盛り上げ、子どもたちが七夕の由来の劇を見たり、歌をうたったり、各クラスの笹飾りを見たりして楽しく過ごします。

七夕祭りの後には、飾った笹を笹焼きして、みんなで天にのぼる煙を見ながら、お星さまに願いごとをします。

夏祭り

情緒あふれる夏祭りを楽しむ

みこし担ぎや盆踊りなど、夏祭りは子どもたちにとって初めてがいっぱい！ 夏祭りを十分に楽しめるよう、事前に雰囲気を伝えていきましょう。

飾りやみこしを作って、手作りの夏祭りを準備

夏祭りで使う飾りやみこしは子どもたちと手作りします。ちょうちんは、絵の具を付けたビー玉を転がして模様付けした色画用紙を、ペットボトルを切った筒に入れて作ります。完成したちょうちんが飾られた光景は壮観です。

みこしは、段ボール箱で土台を作り、絵の具で色を塗ります。色塗りは水着を着て、フィンガーペインティングでダイナミックに。さらに、手形スタンプにクレヨンで線を足して「たこ」や「かに」を描いて貼り、一人ひとりの作品も盛り込みます。

待ちに待った夏祭り！

夕方5時に夜店が開店して、夏祭りがスタート！ 保護者や給食室のスタッフに協力してもらって、カレー、やきそば、ヨーヨー、おもちゃすくいなどのお店を開きます。子どもたちは保護者と買い物やゲームを楽しみます。そのあとは、みこしを担いだり、「やさいおんど」で触れ合い遊びを楽しんだりします。暗くなる夜7時頃には打ち上げ花火をあげて、「楽しかったね！ 2学期にまた会いましょう！」と言って、夏祭りを締めくくります。

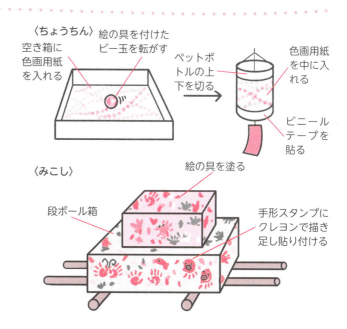

終わったあとはお絵描きを楽しむ

夏祭りの思い出として花火の絵を描きます。ちょうちん作りで行ったビー玉を使った技法で花火が夜空に上る軌道を描いたり、黒の色画用紙にクレヨンで放射状に花火を描いたりして楽しみます。

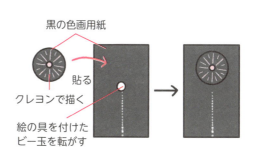

7・8月 保育の展開

7・8月 保育の展開

健康・安全

プールの安全対策はしっかりと

水の気持ちよさや解放感を味わえ、情緒の安定が期待できるプール遊び。夏にはぜひ取り入れたい活動ですが、病気やけがの危険性も。健康管理・安全管理はしっかりと行います。

朝は子どもの体調をチェック

朝、子どもたちが登園してきたら、連絡帳を確認して、毎日保護者に書いてきてもらっている体温や体調、病気やけがの有無、爪が伸びていないかなどを確認します。水いぼなど感染する病気にかかっている可能性がある子どもは、プールの中には入れません。「今日は先生と園庭で遊ぼうね」と声をかけ、プールに入れないことを伝えます。

着替えは自分で

プール遊びをする子どもたちは、まずみんなでトイレに行きます。プール開きに向けてトイレトレーニングを続けてきたので、みんな上手にできるようになっています。排泄が済んだら水着に着替えます。たたみ方を教えてもらい、脱いだ服を自分でたたみます。保育者は着替えの様子を見守りながら、子どもの皮膚の状態をチェックするようにします。

①背中側を上にし袖をたたむ。

②横半分に折る。

③縦半分に折る。

水遊び中は常に安全を確認

プールの水温や深さは天気や気温に合わせて調節します。また、突然冷たい水に入ると、体がびっくりしてしまうので、たくさん動いて水遊びをしてから入るようにしましょう。

プールの中では滑って転倒したり、溺れたりする危険性があります。保育者は子どもたちといっしょに楽しみながらも、必ずプール内とプールのそばから見守ります。子どもがプールのふちに座ったり、体を乗り出したりしないように注意します。

プールの後も体調に配慮を

プールから出た後は目をしっかり洗います。また、プール遊び後は疲れてけがをしやすくなるため、室内で落ち着いて過ごせるようにしましょう。表情や様子がいつもと違うと思ったらすぐに検温を！ プールでの様子やその後の様子を保護者にも伝え、協力して子どもたちの体調管理に努めます。

虫探し　かぶとむし 見〜つけた!!

秋から冬の間、園庭で落ち葉を積み上げていた一角が、虫のベッドになります。7月になるとかぶとむしやくわがたむしが動き出し、子ども達と虫との関わりが始まります。

❀ かぶとむしはどこにいる？

　登園すると、園庭の林を目指す子ども達。1人で何匹も捕まえる子もいます。5歳児が捕まえたかぶとむしを欲しがった子も、「自分で探すんだよ。自分で持てないと、お世話ができないからね」と言われ、探し始める姿がありました。ちょう、が、かなぶん、はちなどが集まっているところには樹液があることや、はちや毛虫には気を付けることなどを、5歳児から教わりながら、一緒に探します。

❀ 虫捕り網や図鑑でさらに興味を高める

　友達と貸し借りして使う虫捕り網や、虫の名前や飼い方などを調べられる図鑑を用意しておきます。虫探しをするなかで、かぶとむし、くわがたむし、かみきりむし、かなぶん、ちょう、とんぼなど様々な虫を見つけ、子ども達の目はキラキラと輝きます。
　虫が苦手な子は、最初は遠巻きに応援しますが、やがて近くでのぞき込むようになります。「触ってみたい」と言った時がチャンス。存分に虫と関わる機会をもちましょう。

❀ 命の大切さも伝えていく

　虫との関わりは、命を大切にすることを伝えるよい機会です。捕まえた生き物は最後まできちんと飼うか、観察したら逃がすことなどを知らせていきます。

7・8月 保育の展開

7・8月 保育の展開

栽培 野菜を育てて食べよう

野菜などの栽培は、自然と触れ合え、さらに食育にもなり、まさに一石二鳥！ 植物の生長を感じ、愛着をもって栽培できるようにしましょう。最後はおいしくいただきます。

🌸 野菜を選ぼう

育てる野菜は、子どもたちが興味をもったもののなかから、きゅうり、ミニトマト、枝豆など、植え付けの時期が合うものを選びましょう。はつかだいこんは栽培期間が短く、丈夫で育てやすく、また丸い形が子どもにも人気があるのでおすすめです。

🌸 「自分の野菜」に水やり

3歳児は「自分のもの」が大好きです。はつかだいこんは、1人ひとつずつ、プリンカップに種まきをしていきます。育った姿を想像しながら、ていねいにまきましょう。絵本や図鑑があると、イメージが広がります。

水やりは、ペットボトルのふたと上部に穴をあけた特製じょうろで行います。水やりをしながら、植物の様子を観察できるように声をかけていきましょう。生長に合わせて、「ふたばちゃんだ！」「花が咲いたよ！」などの声が聞かれます。

🌸 収穫が待ち遠しくなるお絵描き

収穫の前には、「ふたばちゃんの下は何かな？ 土の中に、何があったらうれしい？」と声をかけて、プリンカップの中を想像して絵に描いて遊びます。

🌸 収穫したらおいしくいただく

いよいよ収穫！ 収穫したはつかだいこんを観察したり、においをかいだり、子どもたちの前で輪切りにしたりして、「ミニトマト!?」「おひげがあるね！」「中は白いよ」など、発見をみんなで共有して楽しみます。

観察したら、浅漬けや酢漬けにして、みんなでおいしく食べましょう。食育につながり、次の栽培への意欲も引き出せます。

食育 　3色の栄養素を知ろう

園での食事は、みんなで楽しく、充実した時間にしたいもの。そのなかで、バランスのとれた食事や、好き嫌いなくいろいろなものを食べることの大切さを伝えていきます。

🌸 3色ボードで栄養素を知る

　3色ボードに3色カードを貼って、栄養素を役割ごとに分けて表します。赤は体を作って血や肉になる食材、黄色は力や体温のもとになる食材、緑は体の調子を整える食材です。日頃から保育室に掲示して、自由に見たり触ったりできるようにしておきます。初めは食材自体の色で答えていた子どもたちも、少しずつ役割を理解して、分類できるようになっていきます。

🌸 昼食時間はみんなで給食クイズ！

　昼食の時間は、3色ボードを貼りだして、みんなが大好きな給食クイズを行います。給食を見たり食べたりしながら、「これは何という料理かな？」「材料はな～んだ？」と料理やそこに使われている食材を子どもたちと考えます。献立名や食材名を具体的に考えるようにして、名前や言葉にも興味がもてるようにします。

　食材がわかったら、「何色の食べ物かな？」と問いかけ、3色カードのどれにあたるのかを考えてもらいましょう。食事のなかには3色すべての食材が入っていること、3色をバランスよく食べることが丈夫な体を作ることを伝え、いろいろなものを食べてみようという意識につなげていきます。

月案	p90
週案	p92
日案	p94
保育の展開	p120

子どもの姿と保育のポイント

園生活のリズムを取り戻そう

　夏期保育では、不安な表情を見せる子もいたものの、夏ならではの遊びを楽しむ姿がありました。一方、夏休み中に家族で出かけたり、いっしょに過ごしたりした子は、その経験を保育者や友達に話す様子も見られます。

　通常保育が再開する今月は、みんなで遊ぶ楽しさを思い出したり、子どもたち一人ひとりとの触れ合いを多くしたりしながら、心と体をほぐしていきましょう。そして園生活のリズムを取り戻していく過程のなかで、それぞれの成長に合った援助をしていきましょう。

体を動かす楽しさを伝えて

　いろいろな夏の遊びを経験したことで、動きが少しずつ活発になり、友達といっしょに体を動かして遊ぶことを楽しむようになります。「○○したい」という一人ひとりの気持ちを受け止め、体を動かす楽しさを伝えていきましょう。

緊張気味の子はていねいにケア

　夏休み明けは、家庭での生活とのギャップから、園では緊張気味の子どももいます。子どもの心の持ちようはさまざまです。子どもがもっている小さな自信を保育者が受け入れながら、少しずつ確かな自信へとつなげていきましょう。まだ調子を取り戻せない子どもには、ゆっくりとていねいに関わりましょう。

今月の保育ピックアップ

子どもの活動

運動会ごっこを楽しもう

いろいろな遊びのなかで、走ったりリズムに合わせて踊ったりすることを、楽しんで行います。

子どもの活動

身近な自然に親しもう

風の心地よさを感じたり、秋の虫を見つけたりします。捕まえた虫を図鑑で調べ、関心をもてるようにします。

9月のテーマ

友達といっしょにいっぱい遊ぼう！！

保育者の援助

2学期スタート！外遊びに誘いかけよう

戸外で遊びを見つけられていない子には、様子を見て声をかけます。体を動かす楽しさを感じられるように、がんばったことをほめ、楽しさに共感します。

これもおさえたい！

親子遠足は触れ合いの時間

絵本や紙芝居、歌などを通して、遠足に期待をもてるようにします。保護者との触れ合いを楽しめるようにします。

前月末の子どもの姿

- 夏期保育では、不安な表情を見せる子もいたものの、夏ならではの遊びを楽しむ姿が見られる。
- 夏の間に家族で出かけたり、いっしょに過ごしたりした経験を、保育者や友達に伝えようとする姿が見られる。

	ねらい	子どもの活動内容
養護	◇園生活の流れを再確認する。 ◇所持品の始末のしかたを思い出す。	◇衣服の着脱、畳み方、しまい方を確認する。 ◇水分補給を行う。排泄、手洗い、うがいのしかたを確認する。
教育	◆敬老の日を知り、祖父母やおうちの人の話をしたり、絵を描いて手紙を出したりすることを通して、親しみを感じる。 ◆運動会ごっこを楽しむ。 ◆身近な自然に親しむ。 ◆当番活動や給食配膳の流れを知る。 ◆いろいろな素材に触れる。 ◆体を動かして遊ぶ。	◆祖父母やおうちの人の絵を描き、親しみをもつ。 ◆かけっこの前には、自分の名前を大きな声で言う。 ◆友達の応援をしたり、背の順に並ぶことを覚えたりする。 ◆曲に合わせて、友達といっしょに歩く。 ◆風の心地よさを感じたり、秋の虫を見つけたりする。 ◆交通ルールを知り、守る。 ◆野菜の栽培を行う（種まき）。 ◆当番活動をする（テーブルを拭く、牛乳を運ぶ）。 ◆折り紙で遊ぶ（折る）。 ◆セロハンテープの使い方を知る。 ◆固定遊具や砂遊びを楽しむなかで、約束事を知る。

認定こども園等

教育活動後の時間	●友達といっしょに、自然に触れ、虫捕りなどの戸外遊びを楽しむ。 ●5歳児といっしょに当番活動をする。 ●体調に合わせて休息をとる。	●とんぼ捕りや固定遊具、砂遊びなど、戸外で遊ぶ。 ●おやつの時間の当番活動を5歳児といっしょに行い、おやつを食べる。 ●散歩に行く。

今月の食育

- 聖護院大根の種まきをし、収穫に期待をもつ。
- 当番活動（テーブルを拭く、牛乳を運ぶ）を行って、食事のマナーを身につける。

子育て支援・家庭との連携

- 園での様子や家庭での様子を伝え合いながら、園生活のリズムを取り戻せるようにする。
- 運動会ごっこで遊んでいる様子を伝え、運動会を楽しみにしてもらう。

 ▶ 9月 ▶ 9月_月案

今月の保育のねらい

- 園での生活のリズムを取り戻す。
- 友達といっしょにいることを楽しみ、喜んで遊んだり、のびのびと体を動かしたりすることを楽しむ。

行事予定

- 始業式
- 敬老の日
- 誕生会
- 避難訓練
- 3、4歳児親子遠足
- カレーライスの日
- 身体測定

◇…養護面のねらいや活動　◆…教育面のねらいや活動

保育者の援助と環境構成

◇無理なく園生活のリズムを取り戻せるように、一人ひとりのペースを大切にしながら関わる。
◇遊びださずに戸惑っている子には、保育者が寄り添いながら遊びに誘ったり、いっしょに遊んだりして、安心して遊べるように援助していく。

◆祖父母やおうちの人に対しての大好きな気持ちや感謝を感じ、3歳児なりに手紙が書けるようにする。
◆走ったり、リズムに合わせて踊ったりすることを、いろいろな遊びのなかで楽しんで行えるよう、くふうする。

※本園の保育時間については、34ページをご覧ください。

- 秋への自然の変化に興味をもてるようにする。
- 気温に応じた遊びや、休息のスペースを用意し、安全に楽しく過ごせるようにする。
- 当番活動の様子を見守り、自信につなげる。

保育資料

【歌・リズム遊び】
- 園歌
- おひさまとあくしゅ
- どんぐりころころ
- 大きな栗の木の下で
- バスごっこ
- とんぼのめがね
- さんぽ
- アメチョコさん

【自然遊び】
- 秋の虫探し

【運動遊び】
- 体操
- かけっこ
- 運動会ごっこ

【表現・造形遊び】
- 夏休みの思い出（パステル）
- 敬老の日の手紙
- きのこ（壁面製作）
- 万国旗、応援グッズ
- どんぐり（折り紙）

【絵本】
- どんぐりとんぽろりん
- よーいどん！

自己評価の視点

子どもの育ちを捉える視点
- 生活のリズムを取り戻しながら、好きな遊びを見つけたり、友達と遊ぶことを楽しんだりしていたか。
- 思い切り走ったり、のびのびと体を動かしたりしたか。

自らの保育を振り返る視点
- 子ども一人ひとりの気持ちを受け止め、子どもが安心して生活が送れるような援助ができたか。
- 保育者が見本となって、体を動かすことの楽しさを伝えられたか。

9月 週案

		第1週	第2週
ねらい		◇友達や保育者と関わりながら、園生活のリズムを取り戻す。 ◇所持品の始末を自分で行う。 ◆当番活動の流れを知る。	◇友達と関わって遊びを楽しむ。 ◇自分で衣服の着脱を行う。 ◆運動会の遊戯に興味をもつ。 ◆親子遠足に期待する。
活動内容	養護	◇久しぶりの登園を喜び、夏休みの思い出を保育者や友達に伝える。 ◇夏の疲れと残暑に注意し、体調管理を行う。	◇身体測定では、衣服の着脱の見直し、畳み方の確認をする。
	教育	◆好きな遊びを見つけ、みんなで水遊びや泥遊びをして楽しむ。 ◆絵画製作「夏休みの思い出」(パステル) を描く。 ◆運動会に向けて、かけっこの練習をする。 ◆壁面製作「きのこ」(立体) を作る。 ◆当番活動 (テーブルを拭く、牛乳を運ぶ) を行う。	◆運動会に向けてかけっこや遊戯を行う。 ◆気の合う友達といっしょに、固定遊具やキックボード、砂場遊びなどをして楽しむ。 ◆聖護院大根の種まきをする。 ◆敬老の日に向け、祖父母やおうちの人に手紙を書いてポストに出しに行く。
援助と環境構成		●久しぶりの登園なので、園生活のリズムを取り戻せるように援助し、不安を感じている子には、そばに寄り添って安心できるようにする。 ●絵画活動を行うにあたって、一人ひとりの話をじっくり聞き、夏休みの出来事を思い出せるようにする。 ●思い切り走ることの楽しさを共感する。 ●壁面製作の活動のなかで、セロハンテープの使い方 (切る長さ、切り方、貼り方) を伝える。 ●清潔にしてから食事ができるよう、当番活動を通してテーブルの拭き方や食事のマナーを伝える。	●聖護院大根の色や形を伝え、育つよう期待をもって、水やりや草とりをする。 ●かけっこや遊戯を通して、みんなで体を動かす楽しさを感じ合えるように伝えていく。また、遊戯で使う小道具を作って、遊戯に期待をもってもらう。 ●固定遊具の使い方を再確認し、安全に遊べるように援助する。 ●敬老の日の手紙書きでは、祖父母やおうちの人を思い出しながら絵を描くよう伝える。

認定こども園等

		第1週	第2週
教育活動後の時間		●5歳児といっしょにだいち組に移動し、身支度を済ませる。 ●好きな遊びを楽しむ (虫探し、砂遊び、鬼ごっこ、折り紙)。 ●おやつの時間の当番活動をする。 ●体調に合わせて休息をとったり、衣服の調節をしたりする。	●好きな遊びを楽しむ (とんぼ捕り、かけっこ、鬼ごっこ、お店やさんごっこ、郵便やさんごっこ)。 ●おやつの当番活動を行い、楽しくおやつを食べる。
援助と環境構成		●当番活動の流れを、5歳児から教えてもらいながらいっしょにできるよう見守り、必要に応じて援助し自信につなげる。 ●2学期のスタートにつき、子どもの体調や日中の気温などに合わせて、室内遊びと戸外遊びのバランスに配慮する (色水遊び、小麦粉粘土、工作など)。	●ごっこ遊びに必要な素材を用意したり、いっしょに遊んだりしながら、遊びがより盛り上がるような声かけをしていく。

◇…養護面のねらいや活動　◆…教育面のねらいや活動

第3週	第4週
◇友達や保育者に自分の気持ちを言葉で伝える。 ◆親子遠足に楽しく参加する。	◇給食の配膳の流れを知る。 ◆友達といっしょに戸外で思い切り体を動かして遊ぶ。 ◆運動会の遊戯や競技に興味をもって取り組む。
◇手洗い、うがいのしかたを確認する。	◇給食の配膳のしかたを知る。
◆運動会に向けて、全学年で開会式の練習を行う。 ◆3、4歳児の親子遠足に参加する。 ◆4、5歳児クラスのごっこ遊びをまねて、自分たちでお店やさんごっこをする。 ◆4、5歳児が切った野菜（にんじん、たまねぎ、じゃがいも）の入っているカレーライスを食べる。	◆5歳児の本園伝統の「大地踊り」を見たり、まねして踊ったりする。 ◆万国旗や応援グッズを作る。 ◆5歳児のリレーをまねして参加する。 ◆散歩に行き、秋の自然を感じる。 ◆折り紙「どんぐり」を折る。
●朝の自由遊びのときに、運動会のBGMを流したり、玉入れやリレーで遊んだりすることで雰囲気を盛り上げ、4、5歳児との関わりももてるようにする。 ●親子で遠足を楽しめるように、バスの中でのレクリエーションを準備したり、パンフレットで施設の情報を提供したりする。 ●子どもたちが興味のあるごっこ遊びに使う材料を準備する。 ●トラブルが生じたときには、相手に自分の気持ちを言葉で伝えられるよう、見守ったり援助したりする。 ●気温の変化や疲れで体調を崩しやすい時期なので、体調面に気をつけて、衣服の調整をするよう声をかける。	●体を動かす楽しさを感じられるように、がんばったことをほめたり、楽しさを共感したりする。 ●万国旗や応援グッズの材料を準備し、保育室に飾ったり応援したりすることで運動会への期待を高める。 ●交通安全のルールを伝え、秋の自然に目を向けられるように声をかけて、どんぐりなどの自然物を拾って散歩を楽しめるようにする。また、拾った物を持ち帰れるように、牛乳パックで作った首から下げられる入れ物を準備する。 ●折り紙は折り目をしっかり折ることを伝える。個人差があるので、机間巡視をしながら個人的に援助をしていく。

※本園の保育時間については、34ページをご覧ください。

●好きな遊びを楽しむ（固定遊具、とんぼ捕り、お店やさんごっこ、郵便やさんごっこ）。 ●おやつの当番活動を行い、楽しくおやつを食べる。	●好きな遊びを楽しむ（お店やさんごっこ、郵便やさんごっこ、固定遊具、ブロック）。 ●体調に合わせて休息をとり入れ、ゆっくり過ごす。
●ポストを作ったり、ひらがなの50音表を用意したり、5歳児が文字を書く様子を見たりして、郵便やさんごっこを楽しめるように環境設定する。	●ふたばの時間の活動とのバランスを考え、室内でじっくり遊んだり、体を休められたりするようにする。 ●ごっこ遊びが継続するよう、新しい素材を出すなど、いつでも遊べるように環境設定しておく。

9月 日案

9月11日(火)

前日までの子どもの姿	●登園後、好きな遊びを見つけて遊び始めることができている。自由遊びのなかで追いかけっこや、リレーに参加し、楽しむ姿が見られる。

ねらい	●しっかりとまっすぐに走る練習をする。	主な活動	●運動会に向け、まねっこ遊びを通してかけっこを楽しむ。

時間	子どもの活動内容	保育者の援助	環境構成など
8:30	●挨拶を交わし登園する。 ●身の回りの始末をする。 ●好きな遊びをする。 〈室内〉ままごと、ブロック、運動会の応援グッズ作り 〈戸外〉追いかけっこ、リレー、砂場、固定遊具 ●5歳児の「大地踊り」を見たり、まねして踊ったりする。	●一人ひとりと挨拶を交わし、視診する。 ●自分の好きな遊びを見つけ遊べているか、危険はないか見守る。 ●5歳児の「大地踊り」のばちに見立てた広告紙の棒を用意し、興味をもてるようにする。 ●協力して片づけができるよう、声をかける。	●運動会に期待をもてるように、手作り万国旗を飾ったり、応援することも楽しめるように応援グッズ作りのスペースを設ける。
10:20	●片づけ、排泄、手洗い、うがいを済ませ、水分補給をする。	●一人ひとり再度視診する。	
10:35	●朝の会に参加する。 ・挨拶をする、点呼を受ける、歌をうたう。 ●帽子をかぶってホールに移動する。	●2列に整列し移動していく。	
10:50	●本日の活動について話を聞く。	●前回のまねっこ遊びで、何に変身したか思い返す。 ●子どもたちから挙がったもののカードを取り出し、振り返る。 ●保育室よりも広いホールで力いっぱい走れることを伝える。	●まねっこ遊び用カードを用意する。

時間	子どもの活動内容	保育者の援助	環境構成など
	●まねっこ遊びをする。 ・カードで出た絵の物に変身する。 かえる→「よーい、ぴょんぴょん」 ロケット→「よーい、発射」など ●まねっこしながらまっすぐに走る。 ・車、飛行機など	●カードを1枚選び、出た絵の物に変身することを楽しんでいるかを見る。 ●「よーい」で体に力をため、タイミングを合わせて力を解放できるよう、配慮、声かけをする。 ●本日の活動を振り返るとともに、次回の活動を明確にし、今後に期待がもてるようにする。	●カラーテープでスタート、ゴールラインを引いておく。
11:30	●保育室に戻る。 ●手洗い、うがい、排泄を済ませる。 ●昼食の準備をする。	●排泄、手洗い、うがいを済ませるよう促し、昼食の準備をするよう伝える。 ●食器の置き方など、準備ができているか、机間巡視する。	
12:00	●いただきますの挨拶をする。 ●昼食をとる。 ●食事が済んだ子から片づけ、うがいをし、食休みをする。	●食事のペースやマナー、体調面などを見る。	
13:00	●ごちそうさまの挨拶をする。 ●自由遊びをする。	●好きな遊びが見つけられているか、見守る。	
13:20	●片づけ、排泄、手洗い、うがいを済ませる。		
13:30	●降園準備をする。		
13:40	●帰りの会に参加する。 ・絵本『よーいどん!』を見る。	●翌日の活動につながる絵本を読み、登園に期待がもてるようにする。	
14:00	●1号認定児、降園する。 ●2号認定児は、だいち組に移動する。 ●好きな遊びをする。	●笑顔で挨拶を交わし、保護者にその日の子どもの様子を伝える。 ●だいちの時間の保育者に、14:00までの子どもたちの様子や、特に注意して見てもらいたい子どもの様子、保護者に伝えてもらいたい事柄を伝達する。	
15:15	●おやつを食べる。		
16:00 〜 18:30	●順次降園。	●連絡ノートを活用し、保育者間で連絡漏れがないようにする。	

※本園の保育時間については、34ページをご覧ください。

自己評価の視点

子どもの育ちを捉える視点

●活動に興味、期待をもって意見を発言したり、参加していたか。
●しっかりとまっすぐに走れたか。

自らの保育を捉える視点

●活動に興味、期待をもって参加できるような導入ができたか。
●まっすぐに走れるような環境設定ができたか。

月案 p98
週案 p100
日案 p102
保育の展開 p120

子どもの姿と保育のポイント

育ちにつながる運動会

運動会が近づくと、園全体が運動会一色となります。子どもたちも遊戯やかけっこなど、運動会ごっこを楽しんでいます。しかし、運動会当日は緊張や不安から、普段とは異なった姿を見せる子も。子どものありのままを受け止め、その子なりに参加する姿を認めましょう。

本番後も継続して楽しめるよう、用具やBGMを用意したり、4、5歳児が行った競技を通して異年齢児と関わったりと、興味や憧れをもってまねる機会を作りましょう。

運動会後の子どもたちは、自信に溢れ、活動的です。また、けがが多いのもこの時期です。さらなる自信につながるよう援助すると同時に、けがにも注意します。同じ頃から、数人のグループでの遊びが増えてきます。簡単なルールのある集団遊びを取り入れていきましょう。

乾布摩擦で強い体をつくろう

乾布摩擦を行う前に、軍手でたくさん遊び、親しみをもってから、はめ方をていねいに伝えます。軍手が正しくはめられているか、一人ひとりしっかり確認をします。また、乾布摩擦をすることで体が強くなることを知らせていきましょう。

脱いだ服をしっかり畳んでおくと次に着るときに着やすいことを伝えながら、服の始末も自分でできるよう援助していきます。

今月の保育ピックアップ

新要領・新指針の視点で

子どもの活動

当番活動を楽しむ

5歳児に見本を見せてもらい、昼食準備の当番活動を楽しみます。友達と協力をしながら挨拶や呼びかけ、テーブル拭き、牛乳運びを行います。

子どもの活動

秋の自然に触れよう

園庭や園外の自然に触れて、自然の移り変わりや、秋の自然に気づいていきます。自然物を拾っていろいろな物を作るなど、遊びを発展させていきましょう。

10月のテーマ

運動会で自信満々！キラキラ輝く子どもたち

保育者の援助

運動会の情報を保護者に

事前に運動会だよりを配布し、参加のしかたや各年齢の競技内容、当日の配置などを知らせます。また、当日までの子どもの姿やがんばりを伝えるなどして、保護者の期待と協力、参加意識を高めましょう。

これもおさえたい！

いも掘りをしよう

自分たちで植え、育てたさつまいもを収穫します。収穫の喜びを味わいながら、焼きいもパーティーを楽しみましょう。

10月 月案

前月末の子どもの姿
- 2学期が始まって登園を渋っていた子も、園生活のリズムを取り戻してきた。
- 遊戯やかけっこの練習をして運動会への期待が高まり、4、5歳児の演技に憧れて、まねをしている。
- クラスの友達と名前を呼び合ったり、誘い合ったりして遊ぶようになる。

	ねらい	子どもの活動内容
養護	◇気温に応じて衣服の調節をする。 ◇バスコースの変更に伴い、生活リズムを整える。 ◇軍手のはめ方や乾布摩擦を知る。	◇体操をしたり、軍手で乾布摩擦をしたりする。 
教育	◆体を思い切り動かして走ったり、表現したりすることを楽しむ。 ◆運動会に期待をもち、運動会ごっこを楽しむ。 ◆散歩へ行き、自然の変化に興味をもつ。 ◆友達と協力して当番活動を楽しむ。 ◆ルールのある遊びを楽しむ。	◆運動会の遊戯やかけっこを楽しむ。 ◆4歳児の競技の練習に参加したり、5歳児のまねをして本園伝統の「大地踊り」を踊ったりする。 ◆応援グッズを作り、他年齢の競技を応援する。 ◆昼食時に毎日交代で当番活動をする。 ◆牛乳パックで作った虫かごを持って散歩に行き、秋の自然に触れる。 ◆運動会のお土産のボールで、遊ぶことを楽しむ。 ◆簡単なルールを理解し、体を動かして遊ぶことを楽しむ。
教育活動後の時間	**認定こども園等** ●自分の思いを伝えながら、友達といっしょにじっくりと遊びに取り組む。	●簡単なルールのある遊びを友達といっしょに行う。 ●当番活動を行い、おやつを食べる。 ●自然の変化のなかでのびのびと遊び、体調に合わせて休息をとる。

今月の食育
- 戸外で友達と交流しながら、弁当を食べる楽しさや解放感を味わう。
- さつまいもの収穫を行い、焼きいもを楽しむ。

子育て支援・家庭との連携
- 運動会の競技のなかに未就園児や卒園児が参加できる競技を取り入れる。
- クラスだよりや連絡帳で、運動会の練習の様子や、本番当日はいつもと違う雰囲気のなかで緊張することがあることを知らせる。

今月の保育のねらい

- 運動会に期待をもち、体を動かす楽しさを味わう。
- 友達や保育者に自分の気持ちを伝えることができる。
- 自然の変化に気づきながら戸外で遊ぶ。

行事予定

- 運動会
- カレーライスの日
- 焼きいもパーティー
- 誕生会
- 身体測定
- 避難訓練

◇…養護面のねらいや活動　◆…教育面のねらいや活動

保育者の援助と環境構成

◇気温に応じて衣服の調節や水分補給をするよう、声かけをする。
◇すぐに水分補給ができるよう、水筒を置く場所を考慮する。

◆みんなで走る楽しさを伝えながら、ゴールテープに向かって走れるように励ます。
◆他年齢の競技を見ることで、憧れやいっしょにやってみたいという気持ちをもてるようにする。

◆大勢の観客に不安を抱く子に対しては、安心して参加できるよう援助する。
◆昼食時に、クラスの代表として当番活動をすることに期待がもてるようにする。
◆散歩のなかで、秋の自然に興味をもてるよう声かけをする。

※本園の保育時間については、34ページをご覧ください。

- 気温や体調に合わせて、戸外でおやつを食べたり、絵本を読んだりして、自然のなかでゆったりと過ごせるようにする。
- 運動会について保育者間、保護者とも連絡を密にとり、子どもの気持ちを受け止め、成長を十分に認めていく。

保育資料

【歌・リズム遊び】
- おひさまとあくしゅ
- やきいもグーチーパー
- 山の音楽家
- とんぼのめがね
- 秋の小人オータムタム

【運動遊び】
- ○△□鬼
- かけっこ
- ボール遊び
- さいころサーキット

【絵本】
- さつまのおいも
- 10ぴきのかえるのうんどうかい
- ワイワイばたけはおおさわぎ

自己評価の視点

子どもの育ちを捉える視点

- 運動会に期待感をもって、楽しく参加していたか。
- 友達や保育者との関わりのなかで、自分の思いを言葉で表すことができたか。

自らの保育を振り返る視点

- 運動会に参加することへの不安を取り除き、一人ひとりが楽しんで参加できるように配慮できたか。
- 活動のなかで子ども一人ひとりが自分の思いを伝えられるような言葉かけができたか。

10月 週案

		第1週	第2週
ねらい		◆のびのびと体を動かすことを楽しむ。 ◆友達といっしょに遊戯やかけっこをすることを楽しむ。	◆他年齢の遊戯や競技に、興味、関心をもち、応援したり、いっしょにやってみようとしたりする。 ◆運動会に期待をもって参加する。
活動内容	養護	○バスコースの変更（前期と後期で、バスの1便と2便が入れ替えになる）に伴い、生活リズムを整える。	○水分補給をしながら、戸外でのびのびと体を動かして遊ぶ。
活動内容	教育	◆運動会に向け、友達といっしょに、遊戯を覚えて踊ったり、かけっこをしたりして、楽しむ。 ◆背の高さの順番を覚えて並ぶ。 ◆開会式の練習に参加し、うたったり、体操したりして楽しむ。	◆応援グッズ（マラカス、旗）を作り、他年齢の競技を応援する。 ◆5歳児の「大地踊り」をまねて、いっしょに踊り、楽しむ。 ◆運動会に期待がもてるよう、運動会当日に使用する飾りを色帽子につけ、遊戯曲のテーマの動物になりきって遊ぶ。 ◆友達といっしょに楽しく運動会に参加する。
援助と環境構成		●ゴールまで走り切れるように励まし、一人ひとりのがんばりを認める。 ●遊戯曲は、クラスの子どもたちの興味に合わせて選び、踊りやすい振り付けを取り入れる。 ●並びっこ競争で楽しく遊びながら、自分の並ぶ場所を覚え、背の順番に並べるようにする。 ●一人ひとりの練習への参加の様子を保護者に伝える。	●応援グッズはいつでもすぐに取り出せるよう用意し、友達を応援して楽しめるようにする。 ●5歳児の「大地踊り」を見ることで、憧れやいっしょにやってみたいという気持ちを引き出す。 ●帽子に飾りをつけることで、よりいっそう遊戯を楽しめるようにする。 ●運動会に参加することで、大勢の人に応援されるうれしさや、いっしょうけんめいがんばった達成感を味わえるような言葉をかける。大勢の観客に不安を感じて泣いてしまう子に対しては、補助の保育者と協力しながら安心して参加できるよう配慮する。

認定こども園等

	第1週	第2週
教育活動後の時間	●5歳児といっしょにだいち組に移動し、身支度を済ませる。 ●好きな遊びを楽しむ（固定遊具、砂遊び、虫探し、泥団子作り、ごっこ遊び、ブロック、折り紙）。 ●当番活動をし、おやつを食べ、ゆっくりと休息をとる。	●好きな遊びを楽しむ（固定遊具、砂遊び、虫探し、泥団子作り、ごっこ遊び、ブロック、折り紙）。 ●当番活動をし、おやつを食べ、ゆっくりと休息をとる。
援助と環境構成	●ふたばの時間に運動会ごっこなどでたくさん体を動かしているため、一人ひとりの体調に配慮して、遊びの準備をしたり、休息をとれるようにしたりする。	●ふたばの時間の様子を保育者同士で伝え合い、静と動のバランスを考え、活動を用意する。 ●おやつの時間など、異年齢児との関わりが深まるようにきっかけ作りをしたり、いっしょに遊んでいく。

◇…養護面のねらいや活動　◆…教育面のねらいや活動

第3週	第4週
◇軍手のはめ方を知り、乾布摩擦をして体を鍛える。 ◆親子遠足に期待をもって参加し、たくさんの動物を見て楽しむ。	◆自然の変化に気づき、遊びに取り入れようとする。 ◆のびのびと戸外遊びを楽しむなかで、ボール遊びの楽しさを味わう。
◇乾布摩擦に使う軍手をはめられるようになる。	◇交通ルールを守って散歩を楽しむ。 ◇秋が深まり、寒くなってくるので、乾布摩擦をして丈夫な体作りをする。
◆昼食の当番（テーブルを拭く、牛乳を運ぶ）を、楽しく行う。 ◆畑のさつまいもをみんなで収穫する。	◆牛乳パックで作った虫かごを持って散歩に行き、秋の自然に触れる。 ◆運動会のお土産のボールで、友達や保育者と楽しく遊ぶ。 ◆ボールを使うときの約束を知る。 ◆収穫したさつまいもの絵を描いたり、焼きいもをしたりして楽しむ。
●軍手をはめる前には手遊びをして、5本の指を1本1本意識して軍手に入れるよう促す。 ●乾布摩擦では、衣服の畳み方やしまい方を伝え、必要に応じて援助する。 ●昼食の当番活動をすることに期待がもてるようにする。 ●畑のさつまいもの生長に気づかせ、収穫をして喜びに共感する。	●散歩の際には、交通ルールを子どもたちと再確認する。 ●体をこすると温かくなる気持ちよさに気づけるような言葉をかけながら、乾布摩擦を行う。 ●牛乳パックの虫かごを作り、繰り返し大切に使うように伝える。 ●ばった、どんぐり、もみじなどを見つけながら、秋の自然の変化に気づけるように言葉をかける。 ●ボールを的に向かって転がしたり、追いかけたりすることで、ボール遊びの楽しさが味わえるような環境設定を行う。 ●焼きいもパーティーでは、みんなで収穫したものをいっしょに食べる楽しさや喜びが味わえるようにする。

※本園の保育時間については、34ページをご覧ください。

●ハロウィーンについて知り、それにちなんだ製作や遊びをする。 ●戸外で好きな遊びを楽しむ。 ●当番活動をし、おやつを食べ、ゆっくりと休息をとったり遊んだりする。	●自分で作った仮装グッズなどでハロウィーンごっこを楽しんだり、おばけやカボチャにちなんだ製作をする。 ●戸外で好きな遊びを楽しむ。 ●絵本や紙芝居を楽しみ、おやつを食べる。
●自然のなかでのびのびと遊べるように安全に気を配る。 ●ハロウィーンについて知らせ、興味のある子は遊びに取り入れられるよう、素材の準備や環境設定をしておく。	●のびのびと戸外で遊ぶなかで、興味をもったときに5歳児といっしょに調べられるように虫図鑑や、草花の本などを用意しておく。 ●ハロウィーンにちなみ、変身遊びやなりきりごっこを楽しめるよう準備する。

10月 日案
10月9日（火）

前日までの子どもの姿	●運動会に向けたかけっこでは、合図を理解してゴールまで走れるようになっている。 ●室内自由遊びで、今回使用するさいころを振って遊んでいる。

ねらい	●ルールを理解し、思い切り走る。 ●友達と競い合うことを楽しむ。	主な活動	●さいころサーキットをして遊ぶ。

時間	子どもの活動内容	保育者の援助	環境構成など
8:30	●挨拶を交わし登園する。 ●身の回りの始末をする。 ●好きな遊びをする。 〈室内〉郵便やさんごっこ、さいころ遊び、ままごと 〈戸外〉かけっこ、虫探し、固定遊具	●一人ひとりと笑顔で挨拶を交わし、視診する。 ●身の回りの始末を自分からできるよう見守り、必要に応じて声かけをする。 ●保育者もいっしょに遊びながら、一人ひとりがどんな遊びに取り組んでいるか、危険はないか、友達関係の様子はどうかなどを見る。	●室内設定は、さいころ遊びのために空間を広く取る。 ●かけっこでは、運動会の本番と同じように、マイクを使い、名前を言ってからスタートする。
10:40	●片づけ、排泄、手洗い、うがいを済ませ、水分補給をする。	●保育者もいっしょに片づけながら、使った物を、協力して片づけられるように声かけをする。	
10:50	●朝の会に参加する。 ・リトミックをする、歌をうたう、挨拶をする、点呼を受ける。	●立つ姿勢、座る姿勢のよさを認める。 ●点呼では、友達の返事も静かに聞けるよう声かけをする。	
11:00	●さいころサーキットをしよう！ ・本日の活動について、話を聞く。 ・ルールの説明を聞く。 　1．園庭に描いた円の中へ、1人の子がさいころを振り入れる。他の子は円の外から何の絵が出るか見る。 　2．出た絵の固定遊具にタッチして円まで戻ってくる。 　3．一番に戻ってきた子が次にさいころを振る。	●さいころを見せ、それぞれの固定遊具がどこにあるか、子どもたちと確認する。 ●ルール説明は、要点を絞り、わかりやすく話す。	●さいころサーキット用のさいころを作る。 6面に園庭の固定遊具の絵を貼る ●園庭の図を見せ、ルールを説明する。

時間	子どもの活動内容	保育者の援助	環境構成など
	・色帽子をかぶり、園庭の円の線上に集まる。 ・ゲームを繰り返す。	●友達とぶつからないように注意することを伝える。 ●保育者もいっしょにゲームに参加し、ゲームを盛り上げる。 ●子どもたちがゲームのルールを理解しているかどうか、思い切り走れているか様子を見ながら、必要に応じて声かけをする。	●補助の保育者に円にいてもらい、一番に戻ってきた子を教えてもらう。
	・ご飯マークが出たら、給食室に行き、献立を聞いたり、お礼を言ったりする。	●さいころの1つの面に、固定遊具に代わりご飯マークを貼り、そのことを伝える。ご飯マークが出たらどこに行くか、子どもたちに問いかける。	●エンドレスに続く遊びのため、時間を見て、さいころにご飯マークを貼る。
11:30	●手洗い、うがい、排泄を済ませる。 ●昼食をとる 　・昼食準備、片づけ、食休み。 　・当番の子は当番活動（テーブルを拭く、牛乳を運ぶ）をする。	●食材に興味をもったり、食事のルールを守り、楽しい雰囲気で食事ができるようにする。	●3色ボードを使い、食材の栄養について伝える。 ●3色ボードにその日のメニューに入っている食材のカードを貼る。
13:00	●好きな遊びをする。	●危険がないように見守る。	
13:30	●片づけ、排泄、手洗い、うがいを済ませる。 ●降園準備をする。 ●帰りの会に参加する。 　・さいころサーキットについて話をする。 　・絵本『ワイワイばたけはおおさわぎ』を見る。 　・歌をうたい、挨拶をする。	●本日の活動を振り返り、子どもたちが次回の活動に期待をもてるようにする。 ●翌日の活動の話をし、翌日の登園に期待をもてるようにする。	
14:00	●1号認定児、降園する。 ●2号認定児は、だいち組に移動する。	●笑顔で挨拶を交わし、保護者にその日の子どもの様子を伝える。 ●だいちの時間の保育者に、14：00までの子どもたちの様子や、特に注意して見てもらいたい子どもの様子、保護者に伝えてもらいたい事柄を伝達する。 ●連絡ノートを活用し、保育者間で連絡漏れがないようにする。	
15:15	●おやつを食べる。		
16:00〜18:30	●順次降園。		

※本園の保育時間については、34ページをご覧ください。

自己評価の視点

子どもの育ちを捉える視点
●ルールを理解して、ゲームを楽しめていたか。
●思い切り走ることができていたか。

自らの保育を捉える視点
●ルールの説明は、簡潔にわかりやすくできたか。また、環境設定はどうだったか。
●思い切り走る楽しさを伝えられていたか。

月案	p106
週案	p108
日案	p110
保育の展開	p120

子どもの姿と保育のポイント

絵本の世界に触れて心も豊かになるような時間を

　運動会後、みんなの前で発言することに抵抗がなくなり、進んで発言しようとする姿が見られるようになります。

　友達と共通の話題からイメージが生まれ、ごっこ遊びに展開していきます。さらに興味、関心、想像する楽しみを広げられるように、絵本の時間を大切にしていきましょう。

　絵本の時間には、一人ひとりがストーリーを楽しみながら、主人公になりきることに夢中になれるようにしていくと、ごっこ遊びや劇遊びなどに発展していきやすくなります。子どもたちの夢や空想の世界をちょっとのぞいてみながら、いっしょに共感していきましょう。

成長を喜ぶ作品展に

　秋の自然を取り入れた製作や絵画を通しても、イメージを表現する楽しさを味わい、子どもたちが自信がもてるようにしましょう。

　作品展では、子どもたちの成長過程がわかるように作品を展示します。当日には、家族で作品を見るなかで、製作時の子どもの様子やエピソードを伝え、成長をいっしょに喜びましょう。

今月の保育ピックアップ
新要領・新指針の視点で

子どもの活動
秋の散歩は、宝物がいっぱい

4、5歳児と手をつないで散歩に出かけます。どんぐり、ばった、かまきりなどのたくさんの発見があります。持ち帰ったどんぐりは、製作に使ったり、楽器を作ったりして、秋ならではの表現活動に生かして楽しみます。

子どもの活動
なりきりや集団遊びを楽しむ

お店やさんごっこや絵本のなかの主人公になりきったり、「おおかみさん今何時？」や「○△□鬼〜三びきのこぶたバージョン〜」など、ルールのある鬼ごっこを楽しんだりします。

11月のテーマ
秋の自然見つけた！作って、遊んで、楽しもう!!

保育者の援助
自然物を生かした製作を

どんぐり、枝、葉っぱなど秋ならではの自然素材を使って、製作を楽しめるよう準備をします。素材に触れるなかで、秋の自然に触れる体験も大切にしましょう。
作った作品は、作品展のときに展示します。

これもおさえたい！
保育実習の中学生と遊ぼう

中学生に絵本を読んでもらったり、「フルーツバスケット」のゲームなどをしたりして、いっしょに過ごして楽しみます。

11月 月案

前月末の子どもの姿
- 友達と誘い合いながら、ごっこ遊びなど、ひとつの遊びを継続して楽しむようになった。
- 運動会を経験して体を動かすことがさらに好きになり、積極的に体操や鬼ごっこ、ボール遊びなどをして楽しむ姿が見られた。
- 園の周辺を散歩しながら、自然物や虫に触れたり、友達との交流を広げたりすることができた。

	ねらい	子どもの活動内容
養護	◇気温の変化を感じながら、薄着で過ごしたり、乾布摩擦をしたりして、丈夫な体作りを目指す。 ◇身の回りの始末を自分でする。	◇体操や乾布摩擦をする。軍手のはめ方、しまい方を確認する。 ◇手洗い、うがいを習慣化する。 
教育	◆簡単なルールのある遊びやごっこ遊びを通して、友達との関わりを楽しむ。 ◆自然物やそのほかの素材を使って製作を行ったり、作った物で遊んだりする楽しさを味わう。 	◆「おおかみさん今何時？」や「フルーツバスケット」「しっぽ取り」などの集団遊びや、お店やさんごっこなどを友達といっしょに楽しむ。 ◆保育実習の中学生と遊ぶ。 ◆地域、駅で電車を見たり、散歩の途中、郵便局や相撲部屋、小学校に行ったりして、交流を楽しむ。 ◆粘土製作、壁面製作（木工用接着剤）、絵画製作（クレヨン、絵の具）などで自分の思いをのびのびと表現する。 ◆カスタネット、鈴、タンバリンを使い、簡単なリズム遊びを楽しむ。
教育活動後の時間	**認定こども園等** ●秋の自然のなかで、友達といっしょにじっくりと遊ぶ。 ●友達や5歳児から刺激を受け、さまざまなことに自分から挑戦しようとする。	●落ち葉や小枝、どんぐり拾いなど、秋を感じる遊びをする。 ●簡単なルールのある遊びを5歳児といっしょに行う。 ●明るいうちは戸外遊びを楽しみ、早めに暗くなる夕方は室内で好きな遊びを楽しむ。

今月の食育
- クラスごとに炊飯器で炊くご飯給食をスタートする。ほかほかのご飯をみんなでおいしく食べる。
- 茶碗は左側に置くなど、準備のしかたを伝える。
- 茶碗を持って、よい姿勢で食べられるようにする。

子育て支援・家庭との連携
- 保育実習の中学生が来園する。日頃できない貴重な体験の場とする。
- 作品展を通して、子どもたちの成長を保護者と共有していく。

今月の保育のねらい

- 遊びのなかで簡単なルールを守り、遊べるようにする。
- いろいろな素材を使って製作を楽しむ。
- 秋の自然を感じる。

行事予定

- 中学生との交流
- 保育参観
- 作品展
- 歯科検診
- 内科検診
- 尿検査
- 誕生会
- 身体測定
- 避難訓練

◇…養護面のねらいや活動　◆…教育面のねらいや活動

保育者の援助と環境構成

◇肌寒くなってくるが、薄着で過ごせるように伝えたり、手洗い、うがいを習慣化するように配慮したりしていく。
◇子どもたちの気づきを認め、他児に伝えることで、一人ひとりの意欲につなげていく。

◆友達といっしょに遊ぶおもしろさが十分感じ取れる活動を取り入れ、ルールを守って遊ぶと楽しいと感じられるよう、クラス全員で遊びを楽しむ。
◆散歩コースを下見し、引率保育者の動きや危険箇所の把握と意識統一を図る。安全面に気をつけて歩くよう、子どもたちに声をかける。
◆イメージを十分に膨らませながら表現できるように、さまざまな素材を用意する。子どもたちが遊びに必要な物を自由に使えるように整理し、環境を整えておく。

※本園の保育時間については、34ページをご覧ください。

- 秋への自然の移り変わりに気づけるように、戸外遊びをいっしょに行っていく。
- 日が沈む時間が早くなるので、室内遊びと戸外遊びのバランスをとり、体調の変化にも気を配る。

保育資料

【歌・リズム遊び】
- まっかな秋
- まつぼっくり
- 虫の声

【自然遊び】
- どんぐり拾い
- 落ち葉遊び

【運動遊び】
- おおかみさん今何時？
- フルーツバスケット
- しっぽ取り
- 鬼ごっこ

【表現・造形遊び】
- 気球に乗ったぼく・わたし（壁面製作）
- みの虫（紙粘土）
- 電車（クレヨン、絵の具）
- 自分の顔（クレヨン、絵の具）
- リズム遊び

【絵本】
- おちばがおどる
- 四季のえほん　あきですよ

自己評価の視点

子どもの育ちを捉える視点

- 簡単なルールを守って友達と遊ぶ楽しさを、十分に感じることができたか。
- 作品展を通してさまざまな表現を楽しみ、自信につなげることができたか。

自らの保育を振り返る視点

- ルールを守って友達と遊ぶ楽しさが感じられるような働きかけができたか。
- 子どもたちがのびのびと表現できる環境を整えることができたか。

11月 週案

		第1週	第2週
ねらい		◇冬に向けて薄着の習慣をつける。 ◆保育者や気の合う友達といっしょに、いろいろな遊びを楽しむ。 ◆初めての素材に興味をもち、製作活動を楽しむ。	◇進んで手洗い、うがいをする。 ◆簡単なルールを守って遊ぶ。 ◆自分たちで集めた自然物を使った製作活動を楽しむ。
活動内容	養護	◇体操、乾布摩擦を行う。	◇体操、乾布摩擦を行う。 ◇身体測定をする。 ◇手洗い、うがい。
	教育	◆体育講師とマット遊びをする。 ◆壁面製作「気球に乗ったぼく・わたし」を作る（紙皿を気球に見立て、ビーズを木工用接着剤で貼る）。 ◆粘土製作をする（イメージを広げながら、大きな固まりから思い思いの形を作って楽しむ）。	◆「だるまさんがころんだ」「ロンドン橋落ちた」などのルールのある集団遊びを楽しむ。 ◆紙粘土製作「みの虫」を作る（小枝やどんぐりも使った立体製作）。 ◆中学生と「フルーツバスケット」で遊ぶ。 ◆楽器遊び（カスタネット、鈴、タンバリン、どんぐりマラカス）。
援助と環境構成		●薄着で過ごすことが健康にもつながることを伝えながら、薄着で過ごせるよう、見守っていく。 ●マットの感触を楽しみながら、マットの上で転がったり鬼ごっこを楽しんだりできるよう、活動を進める。 ●木工用接着剤の効果や使い方を知らせ、今までと違った素材での製作ができる喜びを味わえるようにする。 ●粘土の大きな固まりから、好きな形を作るよう促したり、イメージが広がるような言葉かけをしたりする。	●保育者がいっしょに遊び、ルールや集団遊びの楽しさを伝える。 ●紙粘土の感触を楽しめるように活動を進め、一人ひとりがみの虫の製作でくふうした点などを十分に認める。 ●中学生に親しみがもてるように触れ合い遊びを行うなど、楽しい時間が過ごせるようにする。 ●カスタネット、鈴、タンバリン、どんぐりマラカスを使って、みんなでそろって簡単なリズムを打つ楽しさを味わえるようにする。

認定こども園等

教育活動後の時間	●5歳児といっしょにだいち組に移動し、身支度を済ませる。 ●好きな遊びを楽しむ（固定遊具、鬼ごっこ、ラーメンやさんごっこ、郵便やさんごっこ、お絵描き）。 ●気温に応じた衣服の調節をする。	●好きな遊びを楽しむ（固定遊具、鬼ごっこ、ラーメンやさんごっこ、郵便やさんごっこ、お絵描き、だるまさんがころんだ）。 ●脱いだ長袖の服の畳み方やしまい方を再確認する。
援助と環境構成	●夕方の気温が低くなり、体調を崩す子がいるため、衣服の調節を促したり、保育室の換気や温度調節に配慮したりする。 ●子ども同士の関わりが深まるので、やり取りや友達関係をよく見ていく。	●友達といっしょにルールを守ったり、イメージを共有して遊んだりできるように、見守り援助していく。 ●自分で衣服の調節ができるように声をかけ、脱いだ物の片づけ方などもていねいに伝える。

◇…養護面のねらいや活動　◆…教育面のねらいや活動

第3週	第4週
◇クラスごとに炊飯器で炊いたほかほかご飯のおいしさを味わう。 ◆作品展に期待をもち、自信をもって製作活動を楽しむ。	◇マナーを守って、ほかほかご飯を食べる。 ◆4、5歳児の遊びに興味をもち、積極的にルールのある遊びを楽しむ。
◇体操、乾布摩擦を行う。 ◇茶碗の準備の仕方や扱い方を知り、ご飯のおいしさを味わう。	◇体操、乾布摩擦を行う。 ◇茶碗を持ってごはんを食べる。
◆集団遊び「鬼ごっこ」「ひょうたん鬼」を楽しむ。 ◆新聞紙遊び（1枚の新聞紙をいろいろな形に変えて、見立て遊びをする）。 ◆絵画製作「電車」(クレヨン、絵の具を使って描く）。 ◆秋の散歩を楽しむ。	◆集団遊び「しっぽ取り」を楽しむ。 ◆大縄跳びやお店やさんごっこを通して、4、5歳児と関わって遊ぶ。 ◆作品展で自分の作品を紹介したり、友達の作品を見て楽しんだりする。
●新しい集団遊びに興味をもって参加できるよう、誘いかける。また、鬼ごっこでは追われるのが苦手な子にも楽しさが伝わるように援助する。 ●新聞紙1枚でいろいろな遊びが展開できることを伝え、しっぽ取りの導入として、見立て遊びにつなげていく。 ●絵筆で丸や四角い形を描いたり、クレヨンで窓やタイヤなどを加筆したりしながら、イメージを広げることを楽しめるよう声をかけていく。 ●紅葉や落ち葉、どんぐりなど季節の移り変わりに気づき、散歩を楽しめるようにする。	●茶碗でご飯を食べる際の約束事を繰り返し伝える。 ●4、5歳児との自然な関わりが見られるようになってきたため、様子を見ながら、声をかけて誘ったり、必要に応じた援助を心がけたりする。 ●4、5歳児との関わりのなかで得た経験をクラスでの遊びに生かしていけるように、素材を用意したり援助したりする。 ●子どもの成長や個性が感じられる作品を選び、作品がより映えるような展示ができるようにする。 ●一人ひとりの作品のよさを十分に認め、自信につなげていく。また、友達の作品にも興味がもてるように言葉をかける。

※本園の保育時間については、34ページをご覧ください。

●好きな遊びを楽しむ（固定遊具、ひょうたん鬼、ラーメンやさんごっこ、郵便やさんごっこ、お絵描き、どんぐり拾い）。 ●手洗い、うがいの大切さを確認し、進んで行う。	●好きな遊びを楽しむ（固定遊具、しっぽ取り、ラーメンやさんごっこ、郵便やさんごっこ、お絵描き、どんぐり拾い、大縄跳び）。
●友達といっしょに遊ぶことを楽しめるよう見守り、必要に応じて援助していく。 ●衛生面に配慮し、健康に過ごせるように配慮する。	●ふたばの時間に楽しんだ遊びを継続できるようにし、いっしょに遊び、ルールを浸透させていく。 ●一人ひとりの体調に合わせて休息を取り入れ、体調管理をする。

11月 日案

11月19日(月)

前日までの子どもの姿	●戸外からの入室時に、汚れに気づいて着替えをしたり、手足を洗ったりする姿が見られる。 ●苦手な食べ物にも少し挑戦していた。

ねらい	●戸外で友達や保育者と簡単なルールのある遊びを楽しむ。	主な活動	●保育者や友達と鬼ごっこをする。

時間	子どもの活動内容	保育者の援助	環境構成など
8:30	●挨拶を交わし登園する。 ●身の回りの始末をする。 ●自由遊びをする。 〈戸外〉砂遊び、ぶらんこ、固定遊具 〈室内〉ままごと、塗り絵、電車ごっこ、ブロック	●名前を呼びかけ、笑顔で挨拶をし、視診をする。安心して生活に入ることができるようにする。 ●やる気が出るような声かけをし、自分でしようとする姿を見守る。 ●保育者も子どもといっしょに遊び、楽しさを伝える。 ●遊びを見つけられていない子には、様子を見て声をかける。	●おもちゃはかごから出し、すぐ使いやすいようにしておくことで、遊びに入りやすい環境を作る。 ●タオル掛けの向きや場所を固定し、自分の場所を覚えやすくする。 ●子どもの集まり具合に合わせて、保育室のテーブルの数を調整する。
10:20	●片づけ、排泄(はいせつ)、手洗い、うがいを済ませる。	●楽しく片づけができるような声かけを行い、おもちゃの片づけ方が正しいか様子を見て声をかける。	
10:35	●朝の会に参加する。 ・歌をうたう、挨拶をする、点呼を受ける。 ●保育者から鬼ごっこのルール説明を聞く。 ●園庭に出る。	●子どもたちの姿勢に目を配り、声をかけながら、1日に期待がもてるような配慮をする。 ●鬼ごっこのルールを説明する。 ●鬼が怖く、悪いイメージにならないように配慮する。	●坂道や階段、でこぼこした道など、走ると危険な箇所は避けて走り、安全面に配慮する。
11:00	●鬼ごっこをする。 ●保育室に戻る。 ●排泄、手洗い、うがいを済ませる。	●鬼が1人の子に集中していたら交代させるなど、全員が楽しく遊べるよう配慮する。	
11:30	●上半身裸になり、軍手をはめて、乾布摩擦をする。		

時間	子どもの活動内容	保育者の援助	環境構成など
11:35	●昼食をとる ・弁当・給食準備、片づけ、食休み。 ●外遊び ・ぶらんこ、滑り台、砂場、固定遊具。 ●片づけ、排泄、手洗い、うがいを済ませる。	●楽しく食事をしながら、マナーを伝える。 ●自分で遊びを見つけられていない子には、様子を見て声をかける。 ●全体に目を配り、常に人数の把握をする。 ●自分が使った物以外も片づけるよう声かけをする。	
13:30	●降園準備をする。	●忘れ物がないか自分で気づけるような声かけをする。	●黒板に持ち帰る物のイラストを貼る。
13:40	●帰りの会に参加する。	●明日に期待をもてるような声かけをする。	●全員が帰りの会に意識を向けられるように、子どもたちを保育者の近くに集める。
14:00	●1号認定児、降園する。 ●2号認定児は、だいち組に移動する。 ●好きな遊びをする。	●笑顔で挨拶を交わし、保護者にその日の子どもの様子を伝える。 ●だいちの時間の保育者に、14：00までの子どもたちの様子や、特に注意して見てもらいたい子どもの様子、保護者に伝えてもらいたい事柄を伝達する。 ●連絡ノートを活用し、保育者間で連絡漏れがないようにする。	
15:15	●おやつを食べる。		
16:00 〜 18:30	●順次降園。		

※本園の保育時間については、34ページをご覧ください。

自己評価の視点

子どもの育ちを捉える視点
- ●ルールのある遊びを友達や保育者といっしょに楽しんでいたか。
- ●戸外で思い切り体を動かせていたか。

自らの保育を捉える視点
- ●子どもたちが遊びに楽しく入り込める環境設定ができていたか。
- ●ルールをわかりやすく伝えられていたか。

12月

月案	p114
週案	p116
日案	p118
保育の展開	p120

- 12月は、認定に応じて以下の保育を行います。
  - ●1号認定児……第4週は冬休み。
  - ●2号認定児……第4週はだいち組に登園し、終日異年齢で過ごす。

子どもの姿と保育のポイント

寒さが一層増してくる時期

吐く息が白くなり、子どもたちも冬の訪れを感じ、楽しむ姿が見られます。その反面、寒さが苦手で、外に出るのを渋る子も……。そんな姿も受け止めながら、援助していきます。

寒さに負けず積極的に戸外遊びを

「寒いけど、お友達や先生と遊びたい！」そう思っている子も多いはず。まずは、保育者が手本となり、元気に外で遊び、子どもたちの「楽しそう！」を引き出します。

いろいろな鬼ごっこに誘いかけ、体を動かして温かくなったら、薄着の習慣にもつなげていきます。

戸外に出ると、友達との距離、冬の自然との距離が近くなり、楽しさが広がるはずです。

楽しいクリスマスで心から温かく

クリスマスは、冬の一大イベント！　クリスマスやサンタクロースの世界を、子どもたちと歌、製作など、さまざまな活動を通して楽しみます。

クリスマス会も、保育者の腕の見せどころです。

ふたばの時間では、子どもたちがサンタクロースへ「園に来てね」と手紙を書くと、愉快な園長サンタクロース（子どもたちは本物と信じています！）がプレゼントを持って、来てくれます。ケーキを食べて、みんなで楽しいひとときを過ごします。

今月の保育ピックアップ

新要領・新指針の視点で

子どもの活動

元気に外遊びで体ポカポカ！

寒さが苦手な子も、氷鬼やしっぽ取り、ボール遊びなどに誘って。体をたくさん動かして遊ぶ楽しさを味わい、体が温まる心地よさを感じるきっかけ作りをしましょう。

子どもの活動

夢いっぱいのクリスマス

「園にも、サンタさんが来てくれるかも！」そんな気持ちを大切にしながら、クリスマスソングをうたったり、保育室を飾ったり、サンタクロースへ手紙を書いたりします。夢いっぱいに楽しみましょう！

12月のテーマ

寒さに負けず心も体もポカポカに！

保育者の援助

手洗い、うがいをわかりやすく

「手洗いは『ぞうさん』の歌を2番までうたい終わるまで、うがいは3回」など、手洗い、うがいは具体的でわかりやすい約束を決めて。乾布摩擦も継続して、ばい菌も吹き飛ばす、丈夫な体を目指します。

これもおさえたい！

2学期の終わりには

終業式では、2学期を振り返り、がんばりを認めて、たっぷり自信をつけてあげたいものです。また、保育室を子どもたちと大掃除。新年の挨拶も伝えて、冬休みを迎えます。

12月 月案

前月末の子どもの姿
- 4、5歳児の遊びに興味をもち、遊びの幅が広がり、気の合う友達といっしょに遊び込む姿がある。さまざまな活動にも意欲的に取り組む。
- 簡単なルールを守って集団遊びをし、体をたくさん動かすようになったが、寒さが増すと室内にこもりがちになる子もいる。

	ねらい	子どもの活動内容
養護	◇手洗い、うがい、衣服の調節など、冬の生活習慣を身につける。 ◇落ち着いた雰囲気のなかで楽しく食事をする。	◇手洗い、うがいのしかたを再確認する。 ◇薄着を習慣づけて、戸外遊びを楽しむ。 ◇食器の扱い方、食休みの取り方を見直す。まだ箸を使えない子も、箸を使って食べてみようとする。
教育	◆寒さに負けず、戸外で元気に体を動かしながら遊ぶ。 ◆園内外の季節の移り変わりに目を向け、冬の訪れを感じる。 ◆クリスマスを楽しむ。 ◆1年を振り返り、新年への期待をもつ。	◆集団遊びやボール遊びを楽しむ。 ◆体操や乾布摩擦を行い、体を動かしたり、こすったりすることで、体が温まる心地よさを感じる。 ◆散歩に出かけ、秋から冬への自然の変化に気づく。 ◆クリスマスソングをうたう、サンタクロースへ手紙を書く、保育室を飾り付けるなどしながら、クリスマスの夢の世界を楽しむ。 ◆大掃除や終業式に参加することで、1年を振り返り、自信や新年への期待をもつ。 ◆冬休みの過ごし方を知る。
教育活動後の時間	**認定こども園等** ●手洗い、うがいを徹底し、健康に過ごす。 ●冬ならではの行事に期待をもち、準備も楽しむ。	●クリスマスの飾りを作ったり、保育室を飾りつけたりして、クリスマスを楽しみにする。 ●保育室や自分たちが使った物などに感謝の気持ちをもち、大掃除をする。

今月の食育
- 箸への移行を意識づけられるよう、クラスだよりで家庭に発信する。
- クリスマス、お正月ならではの食事に興味をもてるようにする。

子育て支援・家庭との連携
- かぜやインフルエンザがはやる季節なので、十分に手洗い、うがいをするよう伝える。
- 個人面談では、子どもの様子や成長を伝え、今後の課題を確認し合う。

今月の保育のねらい

- 冬の生活の仕方を知り、戸外で元気に遊ぶ。
- 季節の変化に気づき、冬の訪れを感じるとともに、クリスマス会への期待をもつ。

行事予定

- 個人面談
- クリスマス会
- 終業式
- 誕生会
- 身体測定
- 避難訓練

◇…養護面のねらいや活動　◆…教育面のねらいや活動

保育者の援助と環境構成

◇ 手洗い30秒（「ぞうさん」の歌2番まで）、うがい3回など、手洗い、うがいの大切さを伝えるとともに、わかりやすく具体的な約束を決める。
◇ 体調に応じて、衣服の着脱ができるよう促す。
◇ 食器を大切に扱うこと、食休みの必要性を伝える。箸を使うよう促す。

◆ 戸外遊びに積極的に誘いかける。
◆ ルールを守る大切さを伝えながら、みんなで一つの遊びをする楽しさを味わえるようにする。
◆ 散歩では、子どもたちの発見や気づきに共感し、冬の訪れを伝える。
◆ クリスマスの由来やサンタクロースについて、わかりやすく、夢が膨らむように伝える。
◆ 一人ひとりの成長を具体的にほめ、自信につなげる。
◆ 冬休み中も生活リズムが整うよう、家庭に呼びかけていく。

※本園の保育時間については、34、112ページをご覧ください。

- 室温や乾燥に注意し、健康に過ごせるように配慮する。
- 気温に応じた衣服の調節を促し、体を動かして遊べるように援助する。
- クリスマスに向けた製作や飾りつけを楽しめるように教材準備をする。

保育資料

【歌・リズム遊び】
- あわてんぼうのサンタクロース
- 赤鼻のトナカイ
- ヤッター！サンタがやってくる
- お正月

【リトミック】
- もちつき

【運動遊び】
- 氷鬼
- しっぽ取り
- ボール遊び
- ジョギング体操

【表現・造形遊び】
- クリスマス飾り
- サンタクロースへの手紙

【絵本】
- さんかくサンタ
- ねこのおいしゃさん

自己評価の視点

子どもの育ちを捉える視点

- 戸外でのびのびと体を動かして遊ぶことができたか。
- 季節の変化を感じ、新しい年への期待をもつことができたか。

自らの保育を振り返る視点

- 戸外遊びへのきっかけを作り、体を動かして遊ぶ楽しさを伝えられたか。
- 自然の変化や季節の移り変わりについての子どもの気づきに共感し、新年への期待につなげることができたか。

12月 週案

		第1週	第2週
ねらい		◇生活の決まりを守ろうとし、身の回りのことを1人でしようとする。 ◆友達といっしょに戸外で体を動かして遊ぶことを楽しむ。	◇身近な自然に触れ、冬の訪れを感じながら季節の移り変わりを知る。 ◆友達といっしょに、いろいろなごっこ遊びを楽しむ。 ◆誕生会の当番に期待をもつ。
活動内容	養護	◇正しい手洗い、うがいのしかたを知り、手洗い、うがいの習慣をつける。 ◇乾布摩擦を行う。	◇乾布摩擦を行う。また、手洗い、うがいの習慣をつける。 ◇身体測定をする。 ◇避難訓練をする。
	教育	◆寒さに負けないよう、体操を行う（ジョギング体操）。 ◆3歳児合同の誕生会の当番に向け、各クラスで誕生会について話し合いをする。 ◆簡単なルールを守って、集団遊びやボール遊びに参加する。 ◆折り紙「サンタクロース」。	◆サンタクロースに手紙を書き、園で用意したポストに投函する。 ◆季節の移り変わりを感じながら、散歩を楽しむ。 ◆音楽に合わせて踊ったり、簡単なせりふを言うなどして、表現遊びを楽しむ。 ◆12月の誕生会の当番として、誕生会に参加する。
援助と環境構成		●手洗い、うがいのしかたを絵で表にして水道前の壁に貼り、子どもたちが視覚的に、正しい手洗い、うがいのしかたを理解できるようにする。 ●誕生会の当番では、子どもたちの思いを多く取り入れながらも、負担にならないよう、「司会グループ」「プレゼントグループ」に分かれて、準備を進める。 ●一斉活動で経験した集団遊びやボール遊びが、自由遊びのなかで継続していけるよう誘っていく。 ●クリスマスの行事に興味がもてるよう、絵本やペープサートなどでサンタクロースについて伝えていく。	●今まで挑戦したことがない遊びに参加できるよう、誘っていく。 ●サンタクロースへ届く特別なポストを用意して、自分で投函し、クリスマス会に向けて期待がもてるようにする。 ●体操や運動遊びなど、戸外で体を動かす機会を作る。 ●子どもたちの意見を聞きながら、ホールの飾りつけを行っていく。また、ホールで当日の司会の練習をしたり、流れを確認したりして、誕生会のイメージをもてるようにする。 ●クリスマス飾り（ツリー、リース、ブーツなど）を、自由に作れるコーナーを設け、できあがった飾りを園舎に飾り、クリスマスの雰囲気作りをする。

認定こども園等

		第1週	第2週
教育活動後の時間		●5歳児といっしょにだいち組に移動し、身支度を済ませる。 ●こたつでゆったり絵本を見たり、パズルや折り紙をする。 ●友達といっしょに戸外遊びを楽しむ。 ●クリスマスに向けて、ツリーの飾りつけをする。	●こたつでゆったり絵本を見たり、パズルや折り紙をする。 ●友達といっしょに戸外遊びを楽しむ。 ●クリスマスに向け、部屋の飾りを作り、好きな場所に飾る。
援助と環境構成		●こたつを用意し、家庭的な雰囲気のなかで、迎えが来るまでの時間を安心して過ごせるように配慮する。 ●クリスマスへの期待をもって、自由に製作したり、飾ったりできるように準備する。	●保育室の加湿や温度に気を配り、流行性の病気にならないように配慮する。 ●夕方は暗くなるのが早いので、室内での遊びを充実させ、保護者を待つ間に寂しくならないようにする。

◇…養護面のねらいや活動　◆…教育面のねらいや活動

第3週	第4週
◇風の冷たさ、息の白さ、霜が降りたことなどに気づく。 ◆クリスマス会に期待をもち、喜んで参加する。 ◆冬休みに向け、冬休みの過ごし方を知ったり、年末年始の行事に期待をもったりする。	◇担任以外の保育者や異年齢児と安心して過ごす。 ◇正月が来ることを楽しみにする。 ◆異年齢児との関わりを楽しむ。
◇乾布摩擦を行う。 ◇遊びのなかで、友達と誘い合ったり、相手の気持ちを知ったりする。	◇乾布摩擦をする。
◆箸を使った遊びを楽しむ。 ◆期待感をもってクリスマス会に参加し、楽しむ。 ◆冬休みを間近に感じ、新しい年を迎えることを楽しみにできるように、保育室の掃除をする。 ◆終業式に参加する。	◆体操をする（ジョギング体操、まけるな元気！）。 ◆正月の飾りつけを、保育者や友達といっしょに楽しむ。 ◆正月遊び（かるた、すごろく、こま回しなど）を4、5歳児のまねをしながら楽しむ。
●箸を使うことに興味がもてるよう、箸を使って、スポンジで作った目、鼻、口など、顔のパーツを並べるふくわらいをしたり、右の箱から左の箱へ、物を移動するゲームができるコーナーを設ける。 ●今まで使ってきたロッカーやおもちゃを片づけ、部屋をきれいな状態にして冬休みを迎えられるようにする。 ●終業式では2学期の楽しかった行事などを振り返る。冬休みは健康管理と事故に気をつけて、規則正しい生活が送れるように話をする。	●年が新しくなることや正月などの行事について興味がもてるように、絵本や紙芝居を通して伝えていく。 ●子どもたちの目につく場所に正月遊びを用意しておき、興味がもてるようにする。また、保育者もいっしょに遊びながら、やり方やルールを伝えていく。 ●暖房器具を使う場合には換気を行うとともに、加湿器も使用する。室温の管理も行う。

※本園の保育時間については、34、112ページをご覧ください。

●こたつでゆったり絵本を見たり、友達との会話を楽しむ。 ●寒さに負けず、友達といっしょに大縄跳びや鬼ごっこで体を動かして遊ぶ。	●1号認定児は冬休み、2号認定児は登園。 ●こたつでゆったり絵本を見たり、5歳児といっしょにあみだくじ作りや迷路作り、年賀状書きなどをする。 ●友達といっしょに大縄跳びや鬼ごっこなど戸外遊びを楽しむ。
●寒さでこもりがちになるので、いっしょに体を動かして遊び、体が温まる心地よさを味わえるようにする。 ●気温の変化などに気を配り、健康、衛生面に配慮する。	●1年を振り返り、自分自身の成長を感じたり、友達の成長も感じられるようにする。 ●自分たちが使った物や場所を大掃除し、新年に期待を膨らませる。

12月13日（木）

前日までの子どもの姿	●毎日、帰りの会での絵本の時間を楽しみにしたり、繰り返し読むなかで、内容や登場人物のせりふを覚えたりする子もいる。友達との関わり合いのなかで、自分の思いをいろいろな表現で相手に伝えられるようになりつつある。
ねらい	●『ねこのおいしゃさん』の表現遊びをして、のびのびと表現することを楽しむ。
主な活動	●『ねこのおいしゃさん』の表現遊びを行う。

時間	子どもの活動内容	保育者の援助	環境構成など
8:30	●挨拶を交わし登園する。 ●身の回りの始末をする。 ●好きな遊びをする。 〈室内〉ままごと、お店やさんごっこ、廃品工作、ブロック 〈戸外〉鬼ごっこ、固定遊具、大縄遊び	●一人ひとりと笑顔で挨拶を交わし、視診をする。 ●所持品の始末を見守ったり、必要に応じて援助したりする。 ●保育者もいっしょに遊び、遊びがより盛り上がるよう援助したり楽しさを伝えたりする。 ●一人ひとりの遊びの様子、友達との関わりを見守る。	●ごっこ遊びを設定しておき、子どもたちがすぐに遊び出せるようにする。
10:30	●片づけ、排泄、手洗い、うがいを済ませる。	●片づけをするよう促す。	
10:45	●朝の会に参加する。 ・挨拶をする、点呼を受ける、クリスマスソングをうたう、リトミックをする。 ●保育者の話を聞く。	●1曲ずつ歌詞をイラストにするなど、ていねいに伝える。 ●点呼をとり、再度視診をする。 ●絵本『ねこのおいしゃさん』のあらすじを簡単に振り返ったり、登場人物を確認したりする。	
10:50	●音楽に合わせて自分のなりたい動物を選び、表現遊びを楽しむ。 ●友達の姿を見て、さまざまな表現のしかたがあることに気づく。 ●保育者のそばに集まり、話を聞く。	●『ねこのおいしゃさん』のオペレッタCDを流す。 ●登場人物を確認しながら表現遊びを進める。 ●のびのびと表現することを楽しめるよう、保育者自身が大きく表現をして、見本を見せたり、子どもの表現を認める声かけをしたりする。	●子どもの気持ちが盛り上がるよう、小道具などを用意しておく。

時間	子どもの活動内容	保育者の援助	環境構成など
		●参加したがらない子には無理に誘ったりはしない。 ●活動を振り返ったり、次回の活動に期待がもてるよう話をしたりする。	
11:30	●上半身裸になり、軍手をはめて、乾布摩擦をする。		
11:45	●排泄、手洗い、うがいを済ませる。 ●昼食準備をする。 ・当番は職員室に牛乳を取りに行く。 ・挨拶をし、食事をする。 ・食後は片づけ、うがい、食休みをする。 ・挨拶をする。	●昼食の準備を進める。 ●給食の配膳をしたり、落ち着いて準備ができるよう声かけをしたりする。 ●楽しい雰囲気で食事ができるようにする。	
13:30	●片づけ、排泄、手洗い、うがいを済ませる。 ●降園準備をする。 ●帰りの会に参加する。 ・手遊びをする。 ・絵本を見る。 ●保育者の話を聞く。	●必要に応じて援助する。 ●自分でできたことを認め、自信がもてるよう声かけをする。 ●翌日の登園に期待がもてるよう話をする。	
14:00	●1号認定児、降園する。 ●2号認定児は、だいち組に移動する。 ●好きな遊びをする。	●笑顔で挨拶を交わし、保護者にその日の子どもの様子を伝える。 ●だいちの時間の保育者に、14：00までの子どもたちの様子や、特に注意して見てもらいたい子どもの様子、保護者に伝えてもらいたい事柄を伝達する。 ●連絡ノートを活用し、保育者間で連絡漏れがないようにする。	
15:15	●おやつを食べる。		
16:00 〜 18:30	●順次降園。		

※本園の保育時間については、34、112ページをご覧ください。

自己評価の視点

子どもの育ちを捉える視点
●一人ひとりが好きな役になりきり、のびのびと表現することを楽しんでいたか。

自らの保育を捉える視点
●子どもが興味をもてるような活動となったか。

9・10・11・12月 保育の展開

親子遠足　大型バスに乗って、動物園に行こう!!

公共施設を利用するときのマナーを守り、クラスの友達や保護者といっしょに遠足に行くことを楽しみます。当日だけでなく、前後も楽しめるくふうをしましょう。

🌸 動物に親しむことで遠足が楽しみに

遠足に出かける前に、子どもたちと動物園のパンフレットや動物図鑑を見たり、動物園クイズを楽しんだりして動物や動物園のイメージを膨らませて、遠足への期待を高めます。

「できるかな」のＣＤ絵本を流しながら、動物になりきっての表現遊びや、丸や三角、四角など、いろいろな形に切った画用紙を自由に組み合わせて、遠足で見たい動物を作る構成遊びなど、動物に親しめる遊びを広げていきます。また、トイレや集合場所などの下見やバスレクリエーションの下準備、救急セットの用意など、保育者も事前準備を進めておきます。

🌸 動物たちをじっくり観察

遠足当日はマナーを守って、動物園を楽しみます。

遊びを通して動物に親しみをもっていても、いざ実際の動物を見ると、ぞうの足は太い、ぞうのしっぽはふさふさしている、きりんは黄色に茶色い模様がついていて、茶色が多い、きりんに角があるなど、これまでには気づかなかった発見がたくさんできます。

🌸 思い出を作品に残す

遠足の後は、思い出を描いたり、粘土で動物を作ったりして、余韻を楽しめる活動をします。

動物園で実際の動物を見たことにより、遠足後は動物の特徴をしっかり捉えて表現する姿が多く見られます。保育者は、一人ひとりの気づきを大切に受け止めて、楽しかった遠足の思い出に共感していきましょう。

運動会　かけっこ楽しいな

運動会では初めてのかけっこに挑戦！　思い切り走って、走ることの心地よさや楽しさを味わいます。かけっこのルールが理解できるような活動から取り入れていきましょう。

❀ 水遊びを通して、走る楽しさを感じる

9月はまだまだ残暑が厳しい日もあります。そんな日は、水着になって水遊びを楽しみましょう。ホースの水のトンネルや水の縄跳び、シャワーの中で園庭を走ったり跳んだりし、体をいっぱい動かして遊びます。

❀ 保育者対子どもでかけっこ対決！

水遊びの中でたくさん走り回った後は、保育者と子どもでかけっこ対決！　保育者と競い合って走ることで、競争の楽しさを味わいます。勝敗にこだわるのではなく、最後まで走りきったことをほめましょう。

❀ 運動会の後はエンドレスリレーで遊ぶ

運動会で、リレーで走る5歳児のかっこいい姿を見て、憧れをもった子どもたち。自由遊びで異年齢のリレーごっこに参加し、バトンを持って交代しながら、順位にはこだわらずトラックの周りを走り回るエンドレスリレーを楽しみます。自由遊びの時間にＢＧＭが流れると、自然とトラックに子どもたちが集まり、リレーごっこを始めるようになります。

9・10・11・12月　保育の展開

9・10・11・12月　保育の展開

夏休み明けは生活習慣の見直しを

夏休み明けは遊びや行事を通して、生活習慣を見直せるように援助します。また乱れがちな生活リズムも整えられるように、保護者とも連携をとっていきます。

🌸 自分で着替えられているか

　自分で着替えができているかを確認します。自分でできたという喜びに保育者は共感しながら、自信につながるように配慮します。9月は残暑が厳しく、運動会の練習などもあるので、汗をかいたり、衣服が汚れたりしたら、着替えると気持ちもさっぱりします。脱いだ衣服もきちんとたためるようにしましょう。

　また遊びのなかでも、ままごとの服や園の貸し出し服をお店やさんのように並べてお洋服やさんごっこなどをすると、楽しみながら生活習慣の見直しができます。

🌸 姿勢よく よくかんで食べているか

　背筋をピンと伸ばし、よくかんで食べているか、箸を上手に使えているかなど、食事のマナーも見直していきます。箸を使って、牛乳パックで作ったパクパク人形にご飯（あずき、マカロニ、ふわふわビーズなど）を食べさせるなど、遊びのなかでも、食事のマナーを学べるコーナーを設定します。また、夏休み明けに、生活が不規則になっていると、朝ご飯を食べてこない子どももいます。朝ごはんを食べると元気になってたくさん遊べることを伝えて、生活のリズムを整えられるように支援してきます。

🌸 気持ちのよい挨拶ができているか

　挨拶ができると気持ちのよい日になります。まずは、保育者が見本となって、明るい笑顔で子どもの名前に一言を添えた挨拶を行うことを大切にしていきます。また、時間によって「こんにちは」「こんばんは」、場面によって「いただきます」「ごちそうさま」など、挨拶が変わることを伝えていきます。

　秋は、散歩を通じて地域の方との交流も盛んになり、親子遠足も行われます。いろいろな人に挨拶ができるようにしていきましょう。

健康・安全 乾布摩擦で丈夫な体に

運動会が終わり、たくましくなった子どもたち。寒さに向かう10月から、夏の冷水摩擦に代わり軍手を用いた乾布摩擦が始まります。継続して、寒さに負けない体を作ります。

🌸 軍手で遊んで親しむ

乾布摩擦を行う前に、まず軍手で遊びます。丸めた軍手をおにぎりに見立てたり、軍手を広げて花火に見立てたりして、これから使う軍手に親しみがもてるようにしていきます。

🌸 軍手のはめ方を伝える

軍手に慣れたら、はめ方を学びます。指のところに顔を描いて、「お父さん指はどこかな？」「お母さん指はどこかな？」などと問いかけて、軍手の構造をわかりやすく伝えていくとよいでしょう。

また、片方の軍手の中にもう一方の軍手を入れて片づける方法も教えます。

🌸 乾布摩擦を行う

音楽に合わせて体操をするなどたくさん体を動かしたあと、曲に合わせて乾布摩擦をします。腕→顔→首→おなか→足→背中の順でこすっていきます。力いっぱい体をこすって乾布摩擦をすると、強い体になることを伝えながら行いましょう。

腕をこする　顔と首をこする　おなかをこする　足をこする　背中をこする

9・10・11・12月 保育の展開

9・10・11・12月 保育の展開

敬老の日
おじいちゃん、おばあちゃんに手紙を書こう！

敬老の日を利用して、おじいちゃん、おばあちゃんに手紙を書いて、ポストに投函します。手紙のしくみを知って、郵便やさんごっこなどの遊びにもつなげていきましょう。

🌸 おじいちゃん、おばあちゃんと何をしたかな？

子どもたちに「敬老の日」について知らせます。おじいちゃん、おばあちゃんとの思い出について聞きながら、感謝の気持ちを引き出し、手紙を書く意欲へとつなげていきます。当日は、各家庭に依頼して、祖父母の住所と宛名を書いて切手を貼った封筒を持ってきてもらいます。

〈例〉
- 「おじいちゃん、おばあちゃんと何をしたことがある？」
→うれしかったね。
- 「おじいちゃん、おばあちゃんは何歳？」→ずっと元気でいてほしいね。
- 「おじいちゃん、おばあちゃんはどこに住んでいるの？」
→手紙を書こう！

🌸 送る人を思い浮かべながら手紙を書こう

おじいちゃん、おばあちゃんが、何をもらったら喜ぶかを考えながら、送る物を作ります。おじいちゃんやおばあちゃんの顔を描く子もいれば、自分の顔を描く子もいます。手形を押す子もいます。保育者が子どもたちにインタビューして、「大好き！」「また遊ぼうね」などのメッセージを作品に書き加えて、手紙を完成させましょう。

🌸 ポストに手紙を出しに行こう！

「ポストは、赤くて、四角いよ。見つけたら、教えてね！」と声をかけて、みんなで歩きながら、ポストを探して投函します。投函したあとの帰り道は、車通りの少ない田んぼ道で虫探しをしたり、いろいろな施設のある道を選んで地域の人と触れ合ったり、お仕事探しをしたりして楽しみます。また園外に出るときは4、5歳児といっしょに行動して、手をつないでもらうと安心です。4、5歳児といっしょだと、ポストが高くて届かないときも、優しくだっこしてもらえます。

手紙を投函したあとも、経験をもとに郵便やさんごっこをするなど、日常の遊びにつなげていきましょう。

粘土遊び

手をたくさん使って粘土遊び

手を存分に使う粘土遊びは、早いうちから取り入れたいものです。作っては壊し、何度でも遊べるのが粘土のよいところです。繰り返し楽しみましょう。

手に収まる大きさでころころ丸めよう

粘土は手でたくさんこねて温まると、軟らかくなります。扱いにくい場合は、そのことを教えたり、保育者が少しこねたりします。

粘土を扱いやすい大きさにちぎって、手のひらでころころと丸めて遊びます。おだんご、たこやき、パンなど身近な食べ物が粘土で作れます。

おだんごをつなげると何になる？

作ったおだんごをいっぱいつなげると、みんなが大好きな絵本の「はらぺこあおむし」のできあがり！ 大きな葉っぱを用意して、その上に載せれば、作品展に展示する立派な作品になります。

また、パンをたくさん作って並べ、パンやさんなどのごっこ遊びにつなげても楽しめます。

丸めた粘土を伸ばしてみよう

丸めた粘土を机に置き、体重をかけながら手のひらで伸ばします。ヘビ、ネックレス、ブレスレット……いろいろなものを作ってみましょう。

9・10・11・12月 保育の展開

9・10・11・12月 保育の展開

自分の顔を描こう

作品展に向けて、自分の顔を描きます。パーツを知るところから、絵の具も使って仕上げるところまで段階を追って取り組んでいきます。

🌸 顔のパーツを知る

顔を描けるようになるために、まずは福笑いで遊んで、顔や顔のパーツを知っていきます。保育者が画用紙で作った輪郭や、目、眉毛、口、鼻、髪の毛などのパーツを組み合わせて顔を作ります。それぞれの部位の名前や形に気づけるように、声をかけていきます。

🌸 クレヨンで自分の顔を描く

顔の輪郭を描く前段階として、クレヨンで丸を描く経験をたくさんします。その後、顔をクレヨンで描きます。輪郭の形や目、鼻などの形は一人ひとり違うことを伝えます。

🌸 絵の具も使って仕上げる

いよいよ作品展に出す絵を描いていきます。まずは、クレヨンで輪郭をとったあと、顔の中を絵の具で塗ります。そして、乾いてからクレヨンで目や鼻、口などのパーツを描き加えていきます。画用紙いっぱいに大きく描けるように、声かけをしましょう。

成長を感じ、喜び合える展示に

　作品展に向けた作品だけでなく、4月からの作品も展示します。子どもたちの成長過程がわかるように、また作品が引き立ち、見やすくなるように展示のしかたをくふうします。

　作品には、製作時の思いや様子を伝えるコメントも添えます。4月からの間に、それまで使えなかった、はさみやのり、セロハンテープなどがうまく使えるようになったこと、また、クレヨンや絵の具など、新たな画材を取り入れて、製作の幅が広がってきたことなどを紹介します。子どもたちが、ありのままに、自由に、のびのびと表現し、色や形に捉われずに描いたり製作したりしていることを、保護者にも伝えたいですね。

絵画は成長がわかりやすいように、子どもごとに製作順に並べて展示します。

手順や手法などをコメントで紹介します。

製作物は作品の種類ごとにコーナーを作って展示します。

保育者は製作時の様子やエピソードを伝えます。

9・10・11・12月　保育の展開

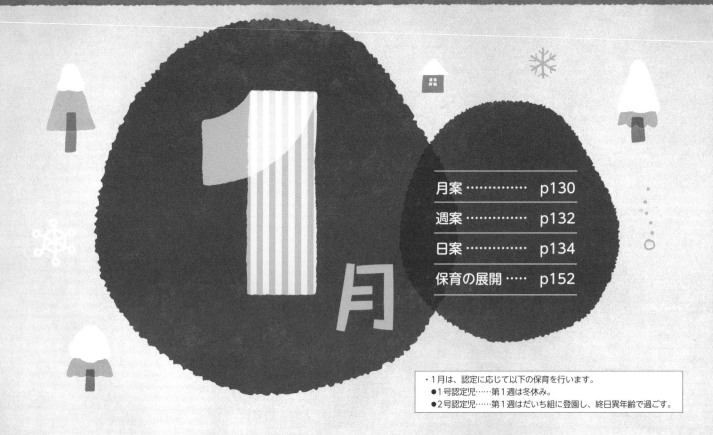

月案	p130
週案	p132
日案	p134
保育の展開	p152

・1月は、認定に応じて以下の保育を行います。
●1号認定児……第1週は冬休み。
●2号認定児……第1週はだいち組に登園し、終日異年齢で過ごす。

子どもの姿と保育のポイント

● 正月や日本文化のよさを伝える

　年末年始、子どもたちは家庭でクリスマス、正月と楽しい時間を過ごします。
　園でも鏡餅、門松、獅子舞、おせち料理、お雑煮、初詣など日本の文化を知る機会を作ったり、かるた、すごろく、凧揚げ、羽根つきなどの正月遊びの楽しさを伝えたりしていきます。

● 1年間の総まとめとなる3学期のスタート

　久しぶりの登園では、子どもたちは冬休みの出来事を保育者や友達に聞いてもらいたいので、おしゃべりがにぎやかになります。また、冬休み中に、暖かい室内にこもりがちだったため、冷たい空気や風に当たると泣き出してしまう子もいます。
　一人ひとりの気持ちを受け止め、ゆったりとした雰囲気のなかで過ごしたり、風の強い日や寒い日には、凧揚げ、おしくらまんじゅう、縄跳びなどの遊びを充実させていきましょう。
　霜柱や氷、息の白さなど冬の自然現象にも目を向け、「おもしろそう」「不思議だな」「何だろう？」を、たくさん引き出してあげましょう。

今月の保育ピックアップ

新要領・新指針の視点で

子どもの活動　正月遊びを楽しもう

好きなときに安心して遊べるように、冬休みに家庭で親しんだ正月遊びのコーナー（かるた、凧揚げ、こま回し、すごろく、ふくわらいなど）を作っておきます。4、5歳児にかるたを読んでもらうなどし、異年齢の交流も図ります。

子どもの活動　郵便でーす

正月に保育者から年賀状が届きます。手紙を書いたり、郵便やさんに変身したりして、ごっこ遊びを楽しみます。

1月のテーマ

正月の伝承遊びや行事に興味、関心をもつ。

保育者の援助　ワクワクドキドキを大切にする

季節感があり日本文化の特色である正月遊びを通して、子どもたちのワクワクドキドキ感を育み、さまざまな遊びにチャレンジできる環境作りに配慮します。

子どもの活動　日本の伝統行事に親しもう

餅つきの前に、段ボールで作った臼やきねを使って餅つきごっこをします。昔から祝い事のときにはお餅をついて祝っていたことも伝え、日本の伝統行事をごっこ遊びへとつなげて親しめるようにしましょう。

前月末の子どもの姿

- 休み明けに友達や保育者に会うのを、楽しみにする姿が見られる。
- 友達や保育者といっしょに、氷鬼やへびじゃんけんなどルールのある遊びを楽しむ。

	ねらい	子どもの活動内容
養護	◇基本的生活習慣の見直しをする。	◇インフルエンザ、伝染性の病気があることを知り、うがい、手洗いをする。 ◇戸外と室内の気温の変化に対応し、衣服の調整をする。
教育	◆自分の意見を言ったり、友達の意見を聞いたりして、友達といっしょに遊ぶことを楽しむ。 ◆人前で発表することを楽しむ。	◆正月遊びを楽しむ（凧揚げ、こま回し、すごろく、羽根つき、かるた、ふくわらい）。 ◆伝承遊びを楽しむ（あぶくたった、かごめかごめ）。 ◆大縄跳びに挑戦する。 ◆餅つきに参加し、自分でついた餅を食べる。 ◆豆まきに向けて鬼のお面作り、升作りをする。 ◆発表会に向けて劇遊びを楽しむ。

認定こども園等

教育活動後の時間	●寒さに負けず、体を動かして遊ぶ。 ●友達といっしょに正月遊びを楽しむ。 ●手洗い、うがいを自ら行い、健康に過ごす。	●縄跳びや簡単な鬼ごっこなど、体を動かして遊ぶ。 ●自分たちで作ったかるたやふくわらいなど、正月遊びをする。 ●生活リズムを取り戻し、身の回りのことなど、自分のことは自分で行う。

今月の食育

- 餅つきでは、もち米が餅に変化していく様子に興味をもち、自分できねを持って餅つきをする。自分たちで作った餅をよくかんでおいしく食べる。
- 箸の正しい使い方を身につける。

子育て支援・家庭との連携

- 餅つきでは、手伝いをしてくれる保護者の参加を求める。当日は、子どもたちと餅つきを楽しむなかで交流を深める。
- かぜやインフルエンザ対策として、手洗い、うがいの励行を園だよりで伝えていく。

今月の保育のねらい

- 保育者や友達と関わりながら園生活のリズムを取り戻す。
- 正月の伝承遊びに興味、関心をもつ。
- 友達とごっこ遊びを楽しむなかで、役になりきって遊ぶ楽しさを味わう。

行事予定

- 始業式
- 餅つき
- 保育参観
- 誕生会
- 身体測定
- 避難訓練

◇…養護面のねらいや活動　◆…教育面のねらいや活動

保育者の援助と環境構成

◇一人ひとりのペースを見守りながら、ともに会話を楽しみ、落ち着いた雰囲気を作る。
◇休み明けで体調を崩しやすいので、朝の視診や保護者との連絡を密にし、一人ひとりの体調を把握しておく。

◆日本の伝統的な遊びをみんなで体験できるよう、正月遊びのコーナーを作っておく。
◆保育者もいっしょに遊びながら、楽しさやおもしろさを伝えていくようにする。
◆日本の伝統行事の由来を伝え、期待を高める。
◆絵本を何度か読み聞かせて絵本のおもしろさを伝え、イメージを膨らませて劇遊びに発展させる。

※本園の保育時間については、34、128ページをご覧ください。

- 手洗い、うがいの励行、換気や加湿など、保育室の環境を整える。
- こたつを出し、家庭的な環境のなかで、遊んだり休息したりできるようにする。
- できたことを十分に認め、自信につなげていく。

保育資料

【歌・リズム遊び】
- おうま
- もちつき
- ゆきのペンキやさん

【自然遊び】
- 氷
- 霜柱
- 雪合戦
- そり遊び

【運動遊び】
- 大縄跳び
- 伝承遊び
- 氷鬼
- ひょうたん鬼

【表現・造形遊び】
- 鬼のお面作り
- 豆まき用の升
- 劇遊び

【絵本】
- あけましておめでとう
- 14ひきのもちつき
- おおきなかぶ
- 三びきのやぎのがらがらどん
- 三びきのこぶた

自己評価の視点

子どもの育ちを捉える視点

- ルールのある遊びに興味をもって、楽しく参加していたか。
- 友達とごっこ遊びをするなかで、役になりきって遊ぶ楽しさを味わえていたか。

自らの保育を振り返る視点

- わかりやすく遊びのルールを伝え、一人ひとりが楽しんで参加できるように配慮できたか。
- 友達とイメージを伝えながら、役になりきって遊べるよう援助できたか。

1月 週案

		第1週	第2週
ねらい		◇年末年始の休み明けなので、家庭での雰囲気を大切にし、安心して過ごす。 ◆自分の気持ちを相手に伝える。	◇園生活のリズムを取り戻す。 ◆保育者や友達と正月遊びを楽しむ。
活動内容	養護	◇2号認定児と1号認定児預かり保育の子は、だいち組で1日を過ごす。	◇気温に合わせて、洋服の着脱や片づけを自分でする。 ◇身だしなみを整える。
活動内容	教育	◆保育者や友達に「あけましておめでとう」の挨拶をする。 ◆正月に経験したことを話したり、聞いたりする。 ◆興味のある正月遊びをする。	◆劇遊びをする。 ◆保育者や友達と正月遊び（凧揚げ、こま回し、すごろく、羽根つき、かるた、ふくわらい）や郵便やさんごっこをする。 ◆発表会があることを知り、昨年度の発表会のDVDを見る。 ◆ごっこ遊びに必要な物を作って、友達と関わって遊ぶ。
援助と環境構成		●3学期の始まりに向けて保育室の掃除をしたり、正月の雰囲気の壁面飾りを作ったりして、子どもたちを迎える準備をする。 ●新年初日の登園のときには、一人ひとりの子どもと「あけましておめでとう」の挨拶をする。 ●直接的な保育者からの声かけでできるだけでなく、子どもたちが自分で気づき、行動できるようにしていく。	●始業式では、餅つきや発表会など、3学期の楽しい行事も伝え、期待がもてるようにする。 ●身近な素材を使って凧や羽子板を作ったり、かるたでは絵を組み合わせる絵かるたを用意したりして、正月遊びを伝えながら、楽しめるようにする。 ●2月に発表会があることを知らせて昨年度のDVDを流し、発表会に期待感をもてるように盛り上げる。

認定こども園等

	第1週	第2週
教育活動後の時間	●友達や保育者といっしょに正月遊びを楽しむ。 ●年末年始に家庭で行ったことを伝え合い、遊びに取り入れる。 ●生活リズムを取り戻し、気温に応じた衣服の調節を自分で行う。 ●こたつに入るなど、家庭的な雰囲気のなかでゆったりと過ごす。	●友達や保育者といっしょに正月遊びを楽しむ。戸外では、凧揚げなどで体を動かして遊ぶ。 ●家庭的な雰囲気のなかで、手洗い、うがいなど、身の回りの事をていねいに行い、かぜやインフルエンザなどを予防する。
援助と環境構成	●正月ならではの挨拶や遊び、風習などを生活に取り入れ、保育者や5歳児といっしょに楽しく過ごせるように配慮する。 ●年末年始の休み明けは、家庭的な雰囲気を作り、室温、湿度などに気をつけ、生活リズムを取り戻せるようにする。	●好きな正月遊びに自由に取り組めるよう、環境設定する。 ●かぜやインフルエンザなどに注意し、加湿や換気などの衛生面に配慮する。 ●日中と朝夕の気温差に注意し、一人ひとりの体調をよく見ていく。

◇…養護面のねらいや活動　◆…教育面のねらいや活動

第3週	第4週
◇挨拶を自分からする。 ◆戸外で体を使った遊びを楽しむ。 ◆簡単なルールを守りながら、友達といっしょに正月遊びを楽しむ。	◇身の回りのことを自分でしようとする。 ◆自分なりの表現を楽しむとともに、友達にイメージを伝えながら遊ぶ。 ◆節分の由来を知り、豆まきに期待をもつ。
◇保育者や友達に自分から積極的に挨拶をする。	◇風邪予防のため、手洗いやうがいをていねいにする。
◆臼ときねを使って、餅つきをする。 ◆集団遊びを楽しみ、遊びのなかで自分の思いを相手に伝える。 ◆戸外で大縄跳びや追いかけっこをする。 ◆寒さに負けず、凧揚げや鬼ごっこをして、体を動かして遊ぶ。	◆節分の豆まきに向けて、画用紙を折り、顔のパーツをのり付けし、鬼のお面を製作する。 ◆1枚の紙で豆まき用の升（ます）を製作する。 ◆保育参観で、保育者と親子の触れ合い遊びを行う。 ◆絵本『おおきなかぶ』『三びきのやぎのがらがらどん』を楽しむ。 ◆道具箱の整理整頓をする。
●4、5歳児の大縄跳びを見て、自分たちも挑戦したいという気持ちを受け止め、いっしょに楽しむ。追いかけっこでは、タッチをされたら鬼になるというルールを守って楽しめるよう見守る。 ●園庭で餅ができるまでの様子を見たあと、自分たちもついて、餅をみんなで楽しく、おいしく食べる。	●保護者と楽しく触れ合い遊びができるよう援助し、保護者に子どもたちの成長を伝えていく。 ●ペープサートなどを使って、節分の由来や春分について子どもたちに伝える。鬼のお面作りでは、顔のパーツの構成遊びを楽しんで表情がつけられるようにする。升は、紙を1人に1枚配り、セロハンテープやのりなど、必要な道具を用意する。升から豆がこぼれないか、実際に入れて試せるようにする。 ●子どもたちが知っている話を選び、みんなでせりふを言い合って、表現することを楽しめるようにする。

※本園の保育時間については、34、128ページをご覧ください。

●友達や保育者といっしょに正月遊びをしたり、戸外での鬼ごっこやトランプなどルールのある遊びをしたりして楽しむ。 ●自分たちで当番活動を行い、おやつを楽しむ。 ●手洗い、うがい、衣服の調節などで、自分の体を健康に保つ。	●友達や保育者といっしょに、鬼ごっこなどルールのある遊びを行い、寒さに負けずに戸外で体を動かす。 ●キッズヨガや異年齢児との触れ合いゲームを行う。
●ルールを覚えた正月遊びを5歳児といっしょに楽しめるよう見守る。 ●寒さに負けずに戸外で体を動かして遊んだり、ゆっくり休息をとったりできるように配慮する。	●室内でゆっくり過ごす時間も大切にしながら、室内にこもりがちの子には戸外での遊びに興味がもてるように誘いかけていく。 ●異年齢児との触れ合い遊びやキッズヨガを行い、友達との関わりが広がるようにする。

1月6日(木)

前日までの子どもの姿	●年末年始の休み明けで、久しぶりに会う友達や保育者と、好きな遊びを楽しむ姿が見られる。友達との会話も楽しむ姿も見られるが、なかなか園生活のリズムを取り戻せない子もいる。
ねらい	●お正月の遊びを楽しむ。 ●園生活のリズムを取り戻す。
主な活動	●お正月遊び（絵かるた）を楽しむ。

時間	子どもの活動内容	保育者の援助	環境構成など
8:00	●挨拶をして登園する。 ●身の回りの始末をする。 ●好きな遊びを楽しむ。 〈室内〉かるた取り、トランプ、ふくわらい、すごろく、廃品工作 〈戸外〉凧揚げ、羽根つき、こま回し、ぶらんこ、すべり台	●一人ひとりの子どもと元気に明るい挨拶を交わしながら、子どもの体調や状況など視診する。 ●4、5歳児に3歳児の身支度を見守り、必要に応じて手伝うよう促す。 ●いっしょに遊びながら、正月遊びや友達に興味がもてるように誘いかける。 ●こたつではやけどに気をつける。 ●人数の確認をこまめに行う。	●家庭的な雰囲気を味わえるようにこたつを用意する。 ●安心して遊べるように、冬休みに家庭で親しんだ正月遊びのコーナーを作っておく（かるた、ふくわらい、すごろく、羽子板、凧揚げ、こま回しなど）。
9:45	●片づけ、排泄、手洗い、うがいを済ませる。	●保育者もいっしょにおもちゃの片づけを行いながら、片づける姿を認め、ほめ、励ますように声をかけたり、4、5歳児にも協力を促したりしながら片づける。	
10:00	●朝の会に参加する。 ・挨拶をする、点呼を受ける。 ・冬休みの思い出を発表する。 ・絵本を見る。 ●3、4、5歳児混合グループに分かれて絵かるた取りをして遊ぶ。	●冬休みの思い出など子どもたちの話したいという思いを受け止めて、一人ひとりの話に耳を傾ける。喜び、自信となるよう、発表を共感する。 ●全員で行うのは難しいので、3、4、5歳児混合のグループに分かれて行うことを伝える。 ●簡単なルールをわかりやすく導入していく。 ●楽しさを共有するなかで、今回あまりかるたが取れなかったグループにも、次回のかるた取りへの期待がもてるよう声をかける。	●ひらがなが読めない子もかるた取りが楽しめるように、絵かるたを使用し、4、5歳児に協力を促す。

時間	子どもの活動内容	保育者の援助	環境構成など
10:30	●上半身裸になり、軍手をはめて、乾布摩擦をする。		
11:15	●片づけ、排泄、手洗い、うがいを済ませる。 ●昼食 ・弁当・給食の準備をする（4、5歳児が給食の配膳をする）。 ・友達との会話を楽しみながら、マナーを守って食事をする。 ・片づける。食休みをする（絵本、粘土、お絵描き）。	●排泄、手洗い、うがいを済ませるように声をかけながら、いっしょに行う。 ●楽しい雰囲気作りをする。 ●体調も気にかけながら、食事の様子を見守り、マナーなどを伝えていく。	
12:30	●片づけ、排泄、手洗い、うがいを済ませる。 ●散歩 ●おやつを食べる。	●排泄を済ませてから散歩に行くように、一人ひとりに声をかける。 ●4、5歳児と手をつないで散歩に行くことや歩道を歩くときの注意など、具体的にわかりやすく話す。人数確認、安全面に気をつける。	●3歳児と4、5歳児がいっしょに手をつないでペアを作る。
15:00	●室内、戸外で好きな遊びを楽しむ。 〈室内〉ロフトで遊ぶ、ままごと、積み木、正月遊び、紙飛行機 〈戸外〉固定遊具、凧揚げ、こま	●徐々に友達が降園していくなかで、安心して遊べるようにする。	
15:30	●片づけ、排泄、手洗い、うがいを済ませる。 ●降園準備をする。 ●帰りの会に参加する。	●子どもの1日の様子を保護者に伝える。 ●連絡ノートを活用し、保育者間で連絡漏れがないようにする。	
16:00	●各自、挨拶をして降園する。		

※本園の保育時間については、34、128ページをご覧ください。

自己評価の視点

子どもの育ちを捉える視点
●いろいろな年齢の友達と楽しく関わりながら過ごせたか。
●正月遊びに興味をもち、楽しく過ごせていたか。

自らの保育を捉える視点
●3歳児と4、5歳児がたくさん関われるような援助ができていたか。
●子どもたちが興味をもつような環境設定ができていたか。

月案	p138
週案	p140
日案	p142
保育の展開	p152

子どもの姿と保育のポイント

生活習慣の身につき具合を再チェック

　生活習慣が身につき、できることが増えるこの時期。手洗い、うがいはきちんとできているか、挨拶は進んでできるかなど再確認しながら、「できることは自分で」の気持ちをもたせていきましょう。

寒い日も楽しい発見がいっぱい

　寒さが厳しくなりますが、園庭には、氷や霜柱など、この時期にしか見られない自然がいっぱい。発見を楽しみながら、寒さを吹き飛ばして外で遊びましょう。雪の日には、雪合戦も楽しみです。
　クラスのまとまりも感じられるようになり、みんなでいっしょに遊ぶことが大好きになります。友達との関わりを見守りながら、時には互いの気持ちを伝え合えるよう援助します。

発表会を楽しみに、練習を重ねる

　園全体が、発表会に向かって盛り上がりを見せます。毎日楽しみながら練習を重ね、その姿を家庭にも伝えて、応援してもらいましょう。
　発表会では、おうちの人に劇と合唱を見てもらいます。たくさんのお客さんを前に、普段通りの姿が見せられない子もいます。そんな姿も受け止めながら、がんばったことを認め、やり遂げたことを自信に感じられるようにしていきます。

今月の保育ピックアップ

新要領・新指針の視点で

子どもの活動

みんなで役になりきり 劇遊び

子どもたちが大好きでわかりやすいお話を選んで、劇遊びを楽しみます。一人ひとりの表現を認め、役になりきって楽しめるように、音楽や小道具も準備して、発表会の劇へとつなげていきます。

保育者の配慮

「みんなでうたうと楽しいね」を味わえるように

合唱では、「手をたたきましょう」や「春よ来い」、「園歌」など、3歳児が親しめる曲を選びます。「いっしょに歌うと楽しい！」という気持ちがたくさん味わえるようにします。4、5歳児の歌を聞く機会も、たくさん作ります。

2月のテーマ

一人ひとり、みんなが主役！
自信をもって、のびのび
とした表現を楽しもう。

子どもの活動

鬼は外〜福は内〜！

節分には、園長先生と保育者が本格的な鬼に変身！　泣いてしまう子もいますが、みんなで勇気をもって豆をまき、鬼を退治します。やり遂げた自信をつけ、春を心待ちにしましょう。

これもおさえたい！

カレーライス作りはまかせてね！

全園児で手作りカレーライスを食べる「カレーライスの日」。園庭には大きなかまどと大鍋を用意。当番の子どもたちは、みんなでじゃがいもを洗ったり、保護者が切ってくれた野菜を鍋まで運んだりとお手伝い。自分たちで作ったカレーライスは、格別です！

2月 月案

前月末の子どもの姿
- 寒さで室内にこもりがちだったが、年上の子といっしょに「はないちもんめ」や「かごめかごめ」などの伝承遊びをしたことをきっかけに戸外遊びも楽しむようになり、保育者が入らなくても子ども同士で遊びを継続できるようになった。
- 大好きな物語のストーリーに沿って、せりふのやり取りを楽しむ姿が見られる。

	ねらい	子どもの活動内容
養護	◇手洗い、うがいを自分から進んでしようとする。	◇手洗い、うがいの必要性を理解して、自分からしようとする。
教育	◆身近な冬の自然を知る。 ◆豆まきの由来を知り、豆まきを楽しむ。 ◆寒さに負けず、戸外で十分に体を動かして遊ぶ。 ◆発表会に向けて、歌や踊りなどで表現することを楽しむ。 ◆ひな祭りについて知り、興味、関心をもつ。	◆霜柱や氷、雪など、身近な自然現象に興味をもち、集めることを楽しんだり、かき氷やさんをしたりと、自然物を遊びに取り入れる。 ◆豆まき集会に参加し、豆まきをしたり、年の数の豆を食べたりする。 ◆鬼ごっこや伝承遊びなど簡単なルールのある遊びを保育者や友達といっしょに、思い切り体を動かして遊ぶ。 ◆物語の世界のなかで、好きな役になりきって自分なりの表現を楽しむ。 ◆ステージに立って、歌をうたうことを楽しむ。 ◆「うれしいひなまつり」をうたったり、千代紙を使って自分なりのひな人形を作ったりする。
教育活動後の時間	**認定こども園等** ●冬の自然に親しみ、体を動かして友達といっしょに遊ぶ。 ●手洗い、うがいを自ら行い、健康に過ごす。	●冬の自然現象に興味をもち、遊びに取り入れたり、室内でかるたやトランプ、すごろくなど、ルールのある遊びを楽しんだりする。 ●2歳児クラスとの交流を行う。

今月の食育
- 節分の意味を知り、みんなで豆を食べる。
- ご飯給食の際には、正しく箸を持つ、茶碗を持って食べるなど、食事のマナーを身につけられるようにする。
- カレーライスの日に、野菜を洗うなど、カレーライス作りの手伝いをする。

子育て支援・家庭との連携
- 発表会への取り組みやその様子を知らせ、成長した子どもたちの姿を見てもらうとともに、子どもたちが十分に力を発揮できるように見守ってもらう。
- 伝染病について知らせ、家庭でも注意して子どもの様子を見てもらうように呼びかける。

今月の保育のねらい

- 季節の行事を体験し、それらに興味をもつ。
- 寒さに負けず、保育者や友達と、戸外で思い切り体を動かして遊ぶことを楽しむ。
- 歌や劇など表現することを楽しみ、見ることや見られることを喜ぶ。

行事予定

- 豆まき
- 発表会
- カレーライスの日
- 誕生会
- 身体測定
- 避難訓練

◇…養護面のねらいや活動　◆…教育面のねらいや活動

保育者の援助と環境構成

◇室内の温度や湿度を適切に保ち、換気にも気を配る。

◆保育者もいっしょに戸外に出て、子どもたちの発見や驚きに共感し、実際に触れて感触を楽しむなど、体感できるように遊びに取り入れる。
◆絵本や紙芝居を通し、立春、節分の由来など、季節の移り変わりを感じられるようにする。
◆戸外遊びを誘いかけ、いっしょに体を動かして遊ぶ。
◆具体的な物語の世界をイメージしながら遊ぶことができるように、大道具や小道具、効果音などを準備する。
◆他のクラスと、劇や合唱などの発表を見せ合う機会を作り、発表会に期待をもてるようにする。
◆ひな祭りについての紙芝居を読み聞かせたり、本物のひな人形を見せたりすることで、ひな祭りへの興味、関心を深める。

※本園の保育時間については、34ページをご覧ください。

- 水を張った入れ物を前日に用意し、朝に氷ができる不思議を感じて、自然に興味が向くよう援助する。
- 伝染性の病気がはやる時期なので、一人ひとりの体調に気を配り、保育者同士は密に連携をとる。

保育資料

【歌・リズム遊び】
- 手をたたきましょう
- 春よ来い
- 園歌
- ゆきのペンキやさん
- うれしいひなまつり

【自然遊び】
- 霜柱集め
- 雪遊び

【運動遊び】
- 氷鬼

【表現・造形遊び】
- 劇遊び
- ひな人形（千代紙）

【絵本】
- 三びきのこぶた
- てぶくろ
- しんせつなともだち

自己評価の視点

子どもの育ちを捉える視点
- 自分なりの表現を楽しみ、友達といっしょに、自信をもって発表会に参加することができたか。
- 戸外で思い切り体を動かし遊べていたか。

自らの保育を振り返る視点
- 劇や歌を心から楽しみ、安心して自分なりの表現ができるような環境づくりや援助ができたか。
- 発表会を通して、一人ひとりの自信につながる声かけや家庭への連絡ができたか。

2月 週案

		第1週	第2週
ねらい		◆保育者といっしょに鬼ごっこや豆まきを楽しみ、節分について興味をもつ。 ◆ステージでの約束事を知り、役になりきって劇を楽しむ。	◇寒さに負けず、保育者や友達といっしょに思い切り体を動かして遊ぶ。 ◆歌や踊りなどで表現することを友達といっしょに行い、楽しむ。
活動内容	養護	◇軍手をはめて乾布摩擦をする。	◇身体測定をする。 ◇感染症に気をつけ、手洗い、うがいをきちんとする。
	教育	◆豆まきに参加し、自分の作った鬼のお面を付け、升（ます）を持って、園庭で園長先生がふんする鬼を退治して、年の数の豆を食べる。 ◆4、5歳児のかるた取りに参加し、ひらがなに興味をもつ。 ◆他のクラスの劇を見てイメージをもち、好きな登場人物になりきり遊ぶ。 ◆みんなでうたうことを楽しむ。 ◆シンプルなルールのゲームを楽しむ。	◆鬼ごっこや伝承遊び、大縄跳びなどの戸外遊びを楽しむ。 ◆劇への取り組みとしてお気に入りの役を決め、衣装を着てみる。 ◆合唱の練習で、ステージに立ってうたってみる。 ◆簡単なルールのある遊びをする。 ◆霜柱を踏んで感触を楽しんだり、水を張った入れ物を前日に用意し、翌日に氷ができていることを喜んだりする。
援助と環境構成		●豆まきでは、心のなかの悪い鬼を退治し、季節の変化を感じながら、春を迎えることに期待をもたせる。 ●物語の世界のなかで、特に役は固定せず、好きな役になりきって、自分なりの表現を楽しめるようにする。 ●具体的な物語の世界をイメージしながら遊ぶことができるように、大道具や小道具や効果音などを準備する。 ●年上の子たちの演じる劇や合唱、合奏を見学し、発表会のイメージが湧くようにする。 ●歌の歌詞の意味を、絵を使ってわかりやすく伝える。	●寒さで室内にこもりがちな子どもたちに戸外遊びを誘いかけ、いっしょに体を動かして遊ぶ。 ●発表会に向けて、なりたい役を聞き取り、より役に入り込めるように衣装を用意する。 ●冬の自然に興味がもてるよう、援助する。 ●発表会への不安がある子にはスキンシップをとって、その子なりの参加のしかたを十分に認める。 ●進んで手洗い、うがいをするように声をかけ、かぜの予防に努める。 
教育活動後の時間		**認定こども園等** ●寒さに負けず、鬼ごっこや大縄跳びなどで体を動かして遊ぶ。 ●こたつに入って、トランプやかるた、すごろくなど、ルールのある室内ゲームを、5歳児と関わりながら楽しむ。 ●手洗い、うがいなどを自分で意識して行う。	●寒さに負けず、鬼ごっこや大縄跳びなどで体を動かして遊ぶ。 ●5歳児といっしょにすごろくを作って遊んだり、罰ゲームを考えたりしてルールのある遊びを楽しむ。 ●手洗い、うがいなどを自分で意識して行う。
援助と環境構成		●室温や湿度、換気、子どもたちの衣服の調節などに配慮し、健康に過ごせるようにする。 ●冬の自然に触れ、戸外遊びを楽しんだり、じっくりと室内遊びができたりするように、環境設定や教材準備をする。	●室温や湿度、換気、子どもたちの衣服の調節などに配慮し、健康に過ごせるようにする。 ●子どもの体調や成長について、保護者との間や保育者同士で連携をとる。

◇…養護面のねらいや活動　◆…教育面のねらいや活動

第3週	第4週
◆友達といっしょにうたう気持ちよさや、せりふのやり取りを楽しむ。 ◆ひな祭りについて興味、関心をもち、由来や意味を知る。	◆発表会に期待をもち、見てもらうことを楽しみにして、劇や合唱を行う。 ◆カレーライスの日の当番に期待をもち、食に興味をもつ。
◇強い体作りのために乾布摩擦をする。	◇昼食時にみんなで楽しくカレーライスを食べる。
◆劇の練習に取り組むなかで、のびのびと表現を楽しむ。 ◆ひな祭りの由来を知り、「うれしいひなまつり」をうたったり、千代紙を使って自分なりのひな人形を作ったりする。 ◆雪の冷たさを感じながら雪合戦を楽しむ。 ◆段ボールのそりでそり遊びを楽しむ。	◆楽しんで発表会（劇や合唱）に参加する。 ◆発表会後、他クラスの劇をまねて楽しむ。 ◆友達と円を作り、かごめかごめを楽しむ。 ◆野菜を洗って大鍋に運んだり、かきまぜたりして、カレーライス作りの手伝いをする。
●劇を楽しむ姿を認めていく。 ●劇や合唱について、他の保育者の助言をもらい、子どもたちがよりいきいきと表現できるように、道具の配置や効果音などを確認する。 ●ひな祭りについての紙芝居を読み聞かせたり、本物のひな人形を見せたりすることで、ひな祭りへの興味、関心を深める。 ●千代紙をちぎって人形の着物を作り、ひな人形を作る。 ●冬の寒さや氷の冷たさを、遊びを通して感じられるようにする。	●発表会当日は、一人ひとりの姿を認め、自信へとつなげていく。 ●発表会後は、発表会の経験を踏まえ、遊びが広がるような環境を設定する。劇に使用した大道具や効果音を、他クラスの友達と共有して遊ぶ姿を見守る。 ●カレーライスの日の当番を通して、食に興味をもったり、作ってくれる人への感謝の気持ちをもてたりするような声かけをする。 ●みんなと楽しくマナーを守ってカレーライスが食べられるように言葉をかける。食後は、自分の食べたお皿を洗うように促す。

※本園の保育時間については、34ページをご覧ください。

●寒さに負けず、鬼ごっこや大縄跳びなどで体を動かして遊ぶ。 ●かるたでは、5歳児が読み札を読み、3歳児が絵札をとるなど、異年齢で関わりながらルールのある室内ゲームを楽しむ。 ●体調に合わせて休息をとるなど、家庭的な雰囲気のなかで過ごす。	●寒さに負けず、鬼ごっこや大縄跳びなどで体を動かして遊ぶ。 ●ルールのある室内ゲームや、キッズヨガ、触れ合い遊びなどを、5歳児と関わりながら、楽しむ。
●健康に過ごせるよう、環境設定をする。 ●寒さで室内にこもりがちになる子には、戸外遊びや冬の自然の変化などに興味がもてるように誘いかけていく。 ●自分で鼻をかむように促す。	●一人ひとりの体調や好きな遊びを見守りながらも、異年齢での関わりが広がるようにきっかけ作りをしていく。 ●室温や乾燥、換気、子どもたちの衣服の調節などに配慮し、健康に過ごせるようにする。

2月

2月 日案

2月3日(水)

前日までの子どもの姿	●節分の由来を知り、製作した鬼のお面をかぶって戸外遊びを楽しんでいる。 ●鬼が怖い、鬼には負けないなど、さまざまではあるが、豆まきを楽しみにする姿がある。

ねらい	●豆まきを楽しみ、鬼退治をやり遂げたことを自信に感じる。	主な活動	●節分の集会に参加する。 ●豆まきを楽しむ。

時間	子どもの活動内容	保育者の援助	環境構成など
8:30	●挨拶を交わし登園する。 ●身の回りの始末をする。 ●好きな遊びを楽しむ。 〈室内〉ままごと、ブロック、工作、鬼の的当てゲーム 〈戸外〉鬼のお面をかぶって鬼ごっこ、砂遊び、固定遊具	●元気よく挨拶し、笑顔で受け入れる。 ●一人ひとりとスキンシップを取り、視診する。 ●身支度を見守り、自分でできたことは十分ほめる。 ●いっしょに遊びながら、本日が節分であることを伝え、豆まきに期待をもたせる。	●豆まきに期待をもって遊べるよう、鬼にちなんだゲームコーナーを準備したり、製作した鬼のお面をかぶって遊んだりできるよう、準備しておく。
9:40	●片づけ、排泄(はいせつ)、手洗い、うがいを済ませる。	●協力して片づけるよう促し、進んで片づける姿をほめ、周りの子どもたちにも伝えていく。	
9:55	●朝の会に参加する。 ・歌をうたう、挨拶をする、点呼を受ける。	●改めて本日が節分であることを話し、豆まきに期待をもたせる。	
10:10	●ホールへ移動する ・園長先生の話を聞く。 ・ペープサート『おにばらいのまめまき』を見る。 ・まめまきの歌をうたう。	●一人ひとりの参加の様子に応じて、よい姿勢で話をよく聞くよう伝える。	●ひいらぎやいわしの頭を実際に見たり、匂いを嗅いだり、触ったりできるよう準備しておく。 ●製作した升(ます)に、豆を入れておく。
10:30	●升を持って、園庭へ移動する。 ・太鼓の音が鳴り響き、鬼の登場! 「鬼は外! 福は内!」と豆まきを楽しむ。 ・写真撮影をする。	●不安を受け止めながら、勇気を出して豆まきできるよう励ます。 ●慌てて衝突などの危険のないよう周囲の様子をよく見る。	●園長先生と保育者が鬼になり、太鼓の合図で園庭に登場!

時間	子どもの活動内容	保育者の援助	環境構成など
11:00	●保育室へ戻り、年の数の豆を食べる。	●体のなかの鬼も退治して、春を迎えようと話をして、豆を配る。 ●よくかんで食べるよう伝える。	
11:30	●上半身裸になり、軍手をはめて、乾布摩擦をする。		
12:00	●手洗い、うがい、排泄を済ませる。 ●昼食 ・弁当・給食の準備をする（自分の食べられる量を考えて給食の配膳をする）。 ・友達との会話を楽しみながら、マナーを守って食事をする。 ・片づける。 ・食休みをする（絵本を見る、粘土、お絵描き）。	●配膳を見守り、トングやしゃもじの扱い方を伝えていく。 ●楽しい雰囲気作りをする。 ●食事の様子を見守り、マナーを伝えていく。 ●全員が食べ終えるまで、落ち着いて食後の時間が過ごせるよう言葉をかける。	●食器の置き方や、給食に使われている食材の栄養素を絵にしたカードを用いて、食べることへの興味をもたせたり、マナーをわかりやすく伝えたりする。
13:00	●戸外で自由に遊ぶ。	●危険のないよう配慮しながら、遊びを楽しむ様子を見守る。	
13:30	●片づけ、排泄、手洗い、うがいを済ませる。 ●降園準備をする。 ●帰りの会に参加する。 ・保育者の話を聞く。 ・絵本を見る。 ・帰りの歌をうたう。	●豆まきでの頑張りを認め、自信につながるように話をする。	●節分が過ぎ、春を待つことを楽しみにできるような絵本を選ぶ。
14:00	●1号認定児、降園する。 ●2号認定児は、だいち組に移動する。 ●好きな遊びをする。	●笑顔で挨拶を交わし、保護者にその日の子どもの様子を伝える。 ●だいちの時間の保育者に、14：00までの子どもたちの様子や、特に注意して見てもらいたい子どもの様子、保護者に伝えてもらいたい事柄を伝達する。 ●連絡ノートを活用し、保育者間で連絡漏れがないようにする。	
15:15	●おやつを食べる。		
16:00〜18:30	●順次降園。		

※本園の保育時間については、34ページをご覧ください。

自己評価の視点

子どもの育ちを捉える視点

●豆まきを楽しむことができたか。
●豆まきをしたことで、自信を感じているか。

自らの保育を捉える視点

●不安も受け止めながら励まし、豆まきが楽しめるよう援助できたか。
●鬼退治できたことを十分認め、自信につなげられたか。

月案	p146
週案	p148
日案	p150
保育の展開	p152

子どもの姿と保育のポイント

進級への期待が高まる

　1年の締めくくりの時期です。発表会やさまざまな行事を通して、自信をつけてきた子どもたち。進級を意識する会話が増え、期待が高まり、さらに「大きくなりたい」と思っています。進級することを喜び、何事も積極的に自分でやってみようという姿も見られます。

　保育者は、一人ひとりのペースを大切にして、それぞれの気持ちを受け止めていきます。

　また、保護者の方に具体的な成長を細かく伝え、一人ひとりの成長をともに喜び合いましょう。

友達が大好きに

　気の合う友達とだけでなく、クラスのみんなと遊ぶ楽しさを感じています。氷鬼や色鬼などのルールのある遊びも、進んで自分たちで楽しむようになります。子どもの気持ちをくみ取り、友達とのつながりを、より深めていきましょう。

今月の保育ピックアップ

新要領・新指針の視点で

子どもの活動

友達と遊ぶと楽しいね

誘い合って氷鬼やかくれんぼをしたり、4、5歳児がしている缶蹴りやドッジボールなどにも興味をもって参加したり、だんごむしやありを見つけて春の訪れを喜んだりと、友達との遊びを楽しみます。

子どもの活動

お別れ会を通して

5歳児にありがとうの気持ちを言葉で伝え、プレゼントを渡します。気持ちを伝えられたことで自信をもち、進級の期待につながっていきます。

3月のテーマ

友達大好き！
大きくなるって
うれしいな！！

保育者の援助

子ども同士の関わりを見守る

子どもたちは、いろいろな場面で積極的に関わろうとしています。保育者はその関わりを大切に見守り、ともに遊び、楽しさを伝えていきます。また、クラスのみんなで友達の成長を喜び、認め合い、自信がもてるように援助していきます。

これもおさえたい！

春を見つけに行こう

お弁当を持ち、4歳児と手をつないで公園にピクニックに出かけます。日だまりの暖かさや、つくし、たんぽぽ、菜の花などの春の自然を見つけ、楽しみます。異年齢で遊ぶなかで、関わりも広げていきましょう。

3月 月案

前月末の子どもの姿
- 自分なりのイメージをもって役になりきり、劇ごっこを楽しむ姿が見られる。
- 子ども同士で誘い合って、氷鬼や色鬼で遊ぶ姿が見られる。
- 発表会をやり終えたことが自信となって、積極的に生活しようとする姿が見られる。

	ねらい	子どもの活動内容
養護	◇基本的生活習慣の見直しをする。 ◇手洗い、うがいなど、進んで健康管理をする。	◇手洗い、うがいができるようにする。 ◇食事中のマナーを守って食事する。
教育	◆行事や自由遊びのなかで、異年齢児との関わりをもつことを楽しむ。 ◆お別れ会を通し、5歳児へ感謝の気持ちをもつ。 ◆誕生会を楽しむ。 ◆進級に期待をもつ。 ◆冬から春への季節の移り変わりを感じる。	●5歳児といっしょに、ゲームや体を使った触れ合い遊びをする。 ●プレゼント作りをする。 ◆1年間の作品を保育者といっしょに作品袋に入れる。 ◆ロッカーの清掃やおもちゃの整理整頓をする。 ◆散歩に行き、冬の自然を感じる。 ◆誕生会の当番をする。

認定こども園等

教育活動後の時間	●自分自身の成長を感じながら、好きな遊びにじっくり取り組み、安心して生活する。 ●進級に期待をもち、異年齢の関わりを楽しむ。	●春を見つけに散歩に行く。 ●キッズヨガ、異年齢での触れ合い遊び、鬼ごっこ、固定遊具、廃品工作、お店やさんごっこなどを楽しむ。 ●0、1、2歳児といっしょにおやつを食べる。

今月の食育
- お別れ会として、ホットドッグパーティーを行い、みんなでいっしょに食べる楽しさを味わう。

子育て支援・家庭との連携
- 子どもたちが期待と自信をもって進級できるように、あたたかく見守ってほしいことを伝える。
- 春休みも規則正しい生活リズムを心がけるように伝える。

今月の保育のねらい

- 友達の思いを受け入れながら遊ぶ。
- 進級への期待と不安を理解し、安心して過ごせるようにする。

行事予定

- お別れ会
- 来年度入園児 1日入園
- 卒園式
- 終業式
- 誕生会
- 身体測定
- 避難訓練

◇…養護面のねらいや活動　◆…教育面のねらいや活動

保育者の援助と環境構成

◇心身の健康に努め、自信をもって進級できるようにする。
◇基本的生活習慣を再確認し、自分で考えて行う大切さを伝えていく。
◇正しいマナーを再確認することで、落ち着いて食事する。

◆普段の自由遊びの時間にも異年齢児との関わりがもてるように、4、5歳児と関わる場を設ける。
◆5歳児との思い出を話し合いながら、感謝の気持ちをもって、プレゼント作りをしたり、お別れ会に参加できたりするように声をかける。
◆保育者間で連携を取りながら、異年齢での交流が深まるよう援助する。
◆子どもの発見や気づきに共感し、関心が高まるように配慮する。
◆当番活動をすることに期待をもてるよう、配慮する。

※本園の保育時間については、34ページをご覧ください。

- 成長に気づき、自分でできたことを十分に認め、自信につながるように援助していく。
- 遊びや生活のなかで、異年齢児との関わりがもてるようにし、進級への期待が膨らむようにする。
- 自分でできたことを認め、成長に気づき、自信につながるように援助する。

保育資料

【歌・リズム遊び】
・うぐいす
・うれしいひなまつり
・カレンダーマーチ
・ふね

【自然遊び】
・虫捕り
・花集め

【運動遊び】
・氷鬼
・かくれんぼ
・おおかみさん今何時？

【表現・造形遊び】
・人物（全身の絵）
・作品袋
・リトミック
・冠（5歳児へのプレゼント）

【絵本】
・うれしいがいっぱい
・ぼく　やってみるよ
・キャベツくん
・三びきのこぶた

自己評価の視点

子どもの育ちを捉える視点

- 友達と遊ぶなかで、自分の思いを主張するとともに、相手の話を聞いたり受け入れたりしたか。
- 進級に期待をもつことができたか。

自らの保育を振り返る視点

- 保育者が介入し過ぎず、子どもたちの関わり方を見守って、その場に応じた援助ができたか。
- 進級に向けて、意欲や喜びを育てられたか。

3月 週案

		第1週	第2週
ねらい		◇基本的生活習慣を確認する。 ◆気持ちを伝え合い、受け入れ合って、友達といっしょに遊ぶ。 ◆4、5歳児との交流を楽しむ。	◇食事中のマナーを確認する。 ◆自信をもって誕生会の当番を行い、楽しむ。 ◆4、5歳児との交流を楽しむ。
活動内容	養護	◇手洗い、うがいのしかたを確認する。 ◇鼻をかむ習慣を身につける。	◇食事中のマナー（姿勢、声の大きさ、箸の使い方など）を見直す。 ◇身体測定を行う。
	教育	◆他クラスの劇に登場したさまざまな役になりきって遊ぶ。 ◆壁面製作「人物」（全身の絵）を作る。 ◆お別れ会に向けて、プレゼントの冠を製作する。 ◆おんぶやだっこなどの体を使った触れ合い遊びを通じて、5歳児と交流する。	◆お別れ会に向けて、ホールの飾りを製作する。 ◆お別れ会に参加する。 ◆散歩する。 ◆誕生会の当番をする。 ◆リトミックに参加する。
援助と環境構成		●役になりきって劇ができるように、保育室に大道具を準備したり、BGMを流したりして雰囲気作りをする。 ●全身の絵を描けるように、体を見たり触ったりしながら人間の体の形を伝える。 ●3月に5歳児が卒園することを伝え、ありがとうの気持ちを込めて、ていねいにプレゼントを作るよう伝える。また、のりの使い方を再確認する。 ●触れ合い遊びで自然な関わりができるよう、日頃から昼食時や自由遊びのときに、4、5歳児と関わる場を設けておく。	●はさみの使い方を確認しながら切ることを伝え、一人ひとりの様子に応じて援助する。 ●お別れ会を通して5歳児との関わりを深められるよう、雰囲気を盛り上げる。 ●誕生会の当番として、一人ひとりのがんばりやよかったところを伝え、自信や達成感につなげていく。 ●リトミックでは、リズムに乗って体を動かすことや、体を使って音を表現することを楽しめるように、保育者もいっしょに行う。

認定こども園等

	第1週	第2週
の時間教育活動後	●だいちの時間の生活リズムや約束が身につき、積極的に行う。 ●友達といっしょに好きな遊びにじっくりと取り組む（戸外遊びや、鬼ごっこ、お店やさんごっこ、触れ合い遊び）。 ●保育室の片づけを進んで行う。	●だいちの時間の生活リズムや約束が身につき、積極的に行う。 ●友達といっしょに好きな遊びにじっくりと取り組む（キッズヨガ、鬼ごっこ、お店やさんごっこ、ブロック、工作）。 ●自分の思いを伝えながら遊ぶ。
援助と環境構成	●時間がかかっても自分のことは自分で行い、できたという気持ちを味わえるように、声をかけたり見守ったりしていく。 ●自分なりに安全について考えながら、好きな遊びを楽しめるようにする。	●異年齢児との触れ合いや、じゃれつき遊びができるようにし、年上の子や年下の子から刺激を受けられるようにする。 ●自分自身の成長を感じ、自信につながるように援助する。

◇…養護面のねらいや活動　◆…教育面のねらいや活動

第3週	第4週
◇基本的生活習慣を自分の力で行うことに自信をもつ。 ◆進級することを楽しみにして、積極的に活動に取り組む。	◇基本的習慣が身につき、自信をもって園生活を送る。 ◆進級に期待をもつ。 ◆季節の変化や春の訪れに気づく。
◇身だしなみを整え、衣服の着脱ができるようにする。	◇1年間の成長を喜ぶ。
◆1年間の作品を収納する紙袋（作品袋）に絵を描く。 ◆4歳児といっしょにお弁当を食べる。 ◆体操をする。	◆作品袋に1年間の作品を詰める。 ◆道具箱の整理整頓をする。 ◆保育室の大掃除をする。 ◆終業式に参加する。
●作品袋にていねいに絵が描けるよう声をかけ、園で楽しかったこと、自分の顔、友達の顔などが描けるよう伝える。 ●進級にあたって、来年度の混合クラス（4、5歳児クラス）への期待を高めたり、不安を取り除いたりできるように、4歳児といっしょに過ごす時間を設ける。 ●1年間過ごしてきたなかで、自分でできるようになったことを認め、衣服の着脱などの生活習慣を見直していく。	●今までの作品を子どもたちといっしょに作品袋に入れ、1年間を振り返る一つのきっかけとしていく。 ●1年間使ってきたロッカーを掃除したり、おもちゃの整理整頓をしたりして、気持ちよく進級できるようにする。 ●終業式の日、1年間の思い出と、一人ひとりの成長を具体的に伝え、大きくなったことを自覚させて、「がんばったで賞」というバッジをつけてほめる。また、春休みの過ごし方を伝えるとともに、新学期には一つ大きくなって登園することを自覚できるよう、伝えておく。

※本園の保育時間については、34ページをご覧ください。

●だいちの時間の生活リズムや約束が身につき、積極的に行う。 ●友達といっしょに好きな遊びにじっくりと取り組む（触れ合い遊び、お店やさんごっこ、折り紙、大縄跳び）。 ●自分の気持ちを伝えたり、相手の気持ちを聞いたりする。	●だいちの時間の生活リズムや約束が身につき、積極的に行う。 ●友達といっしょに好きな遊びにじっくりと取り組む。 ●1年間過ごした保育室に「ありがとう」の気持ちを込めて大掃除をする。
●3歳児なりに活動の見通しをもって、自分で考えて行動できるよう、見守っていく。 ●4歳児の活動をまねたりいっしょに行ったりして進級への期待を膨らませていく。	●進級後の担任に、子どもの様子を細かく伝達し、4月からの保育に生かせるようにする。 ●異年齢児との関わりのなかで、自分の成長を感じたり、憧れの気持ちをもてるようにする。

3月 日案

3月5日(火)

前日までの子どもの姿	●日頃の散歩で消防士さんやお巡りさんと交流する機会があり、地域との交流が深まっている。

ねらい	●避難訓練の約束事を守りながら避難する。 ●消防、救急の役割と大切さを知る。	主な活動	●総合避難訓練(消防署と連携)をする。 ●消防車、救急車の車両見学をする。

時間	子どもの活動内容	保育者の援助	環境構成など
8:30	●挨拶を交わし登園する。 ●身の回りの始末をする。 ●好きな遊びをする。 〈室内〉ごっこ遊び、ブロック、折り紙 〈戸外〉縄跳び、鬼ごっこ、砂場、固定遊具	●一人ひとりと挨拶を交わし、視診する。 ●好きな遊びを見つけて遊べているか、危険はないか、友達関係はどうかなどを、見守ったり必要に応じて援助したりしていく。	●消防士さんごっこや救急救命士さんごっこができるようなグッズを用意し、なりきり遊びが楽しめるようにする。
10:20	●片づけ、排泄(はいせつ)、手洗い、うがいを済ませる。	●協力して片づけができるよう、声をかける。	●消防車、救急車が到着する。
10:35	●朝の会に参加する。 ・歌をうたう、挨拶をする、点呼を受ける。 ●避難訓練について話を聞く。	●一人ひとり再度視診する。 ●事前に「おかしも(お:押さない、か:駆けない、し:しゃべらない、も:戻らない)」について話をし、火事で避難するときはハンカチで口と鼻を押さえ、煙を吸わないようにすることを伝える。	
10:50	●非常ベルの音を聞く。 ●保育者のそばに集まる。 ●帽子をかぶり、上履きのまま園庭に避難する。 ●クラスごとに整列する。	●火事か、地震か、何があったのか放送をよく聞くよう促す。 ●速やかに保育者のそばに集まるように声をかける。 ●煙が入らないよう、窓を閉める。 ●色帽子をかぶるように伝え、名簿、着替え、消毒セットが入ったかばんを持って、園児を園庭に誘導する。 ●人数確認をし、報告する。	●地区音響装置で訓練の非常ベルを鳴らし「火事です」と放送する。 ●火元を確認し、初期消火をする。 ●避難開始の放送を入れる。 ●119番に通報(訓練と伝える)。 所在地、電話番号、人数、けが人などの報告をする。

時間	子どもの活動内容	保育者の援助	環境構成など
	●消防士さんの話を聞く。 ●保育者の消火訓練をする姿を見る。 ●消防車、救急車の見学をする。 ●お礼を伝える。	●消防士さんからの講評を聞く。 ●消火訓練を受け、消火器の使い方を学ぶ。 ●消防車、救急車のそれぞれの役割や、消防士さん、救急救命士さんの仕事に興味がもてるように声をかける。 ●挨拶するよう促す。	●サイレンの音、車両説明を聞き、どんな仕事なのかがわかるよう、消防士さん、救急救命士さんと交流する時間をもつ。
11:30	●上半身裸になり、軍手をはめて、乾布摩擦をする。		
11:50	●排泄、手洗い、うがいを済ませる。 ●昼食をとる。 ・弁当・給食準備、挨拶、片づけ、食休み。	●排泄、手洗い、うがいを済ませるよう促し、昼食の準備をするよう伝える。 ●食事のペースやマナー、体調面などを見ていく。	●食休みに読めるように、消防車の掲載された図鑑を用意しておく。
13:00	●自由遊びをする。	●好きな遊びを見つけられているか見守る。	
13:20	●片づけ、排泄、手洗い、うがいを済ませる。		
13:30	●降園準備をする。 ●帰りの会に参加する。 ・紙芝居『ワンタくんのしょうぼうし』を見る。	●紙芝居を読み、本日の活動の振り返りをする。 ●地震のときは頭を守ること、竜巻やひょうのときは頑丈な建物へ退避し、身をかがめ低い体勢をとることなど、火事以外の避難方法も伝える。	
14:00	●1号認定児、降園する。 ●2号認定児は、だいち組に移動する。 ●好きな遊びをする。	●笑顔で挨拶を交わし、保護者にその日の子どもの様子を伝える。 ●だいちの時間の保育者に、14：00までの子どもたちの様子や、特に注意して見てもらいたい子どもの様子、保護者に伝えてもらいたい事柄を伝達する。	
15:15	●おやつを食べる。		
16:00 〜 18:30	●順次降園。	●連絡ノートを活用し、保育者間で連絡漏れがないようにする。	

※本園の保育時間については、34ページをご覧ください。

自己評価の視点

子どもの育ちを捉える視点

●避難訓練の約束事を守って避難できたか。
●消防、救急の役割と大切さを理解できたか。

自らの保育を捉える視点

●避難訓練の約束事をなぜ守らなければならないのかをわかりやすく伝えられたか。
●消防、救急の役割と大切さや消防士、救急救命士などの職業について知る機会を作れたか。

1・2・3月 保育の展開

餅つき つきたてのお餅、おいしいね

お正月は日本の伝統文化について知り、体験するよい機会です。餅つきをし、みんなで味わいながら、日本の文化に親しめる活動にしましょう。

餅つきって、どんなことするの？

餅つきはもちろん、餅を食べたことがない子もいるので、事前に餅つきについて伝えます。また段ボールで作った臼ときねと、白いビニール袋に新聞紙を入れて作った餅で、餅つきごっこをしておきます。

いよいよ本当の餅つき

当日は、本物の臼ときねだけでなく、「これな〜んだ？」と、かまどやかま、せいろなども見せ、名前や使い方を伝えます。また、「お餅の材料は？」ともち米を見せたり、「もち米ってどんな味？」と蒸し上がったもち米をひと口ずつ味見したりして、餅つきへの期待を高めていきましょう。

いよいよ、餅つきのスタートです。園長先生のデモンストレーションの後、お父さん達が餅つきをしてくれます。子ども達は回りを囲み、「よいしょ！ よいしょ！」と元気よく声をかけます。

つきたての餅を食べよう

できあがった餅は、きな粉餅、お雑煮などにして食べます。喉に詰まりやすいので、小さくかみ切って食べるよう伝えます。

「つきたてのお餅、おいしいね！」「伸びる〜！」など、子どもたちのつぶやきに、共感していきましょう。

発表会 『三びきのこぶた』で劇遊び

絵本『三びきのこぶた』の世界を共有して遊びます。日頃の保育や遊びで楽しみ、発表会の劇へと自然につなげていきます。

絵本のイメージを広げよう

『三びきのこぶた』の絵本を繰り返し読み聞かせて、絵本の世界のおもしろさやイメージを膨らませていきます。オペレッタの曲に合わせて、保育者がおおかみ役、子どもたちは子ぶた役になって、「トントントン、開けてくださいな」「だめよ」などの繰り返し言葉や動きを楽しんでいきます。

なりきり遊びへ発展

オペレッタのCDをリピートしてかけながら、お面や衣装などを用意して、自由遊びから、役になりきって遊べるようにしていきます。

遊びのなかで出てきた子どもたちのアイデアも積極的に取り入れていきましょう。

3びきの家は、それぞれのテーマカラーを決めて、保育室内にカラーテープで丸を作り、視覚的にもわかりやすくするとよいでしょう。

戸外遊びにも取り入れて共通のイメージに

子どもたちみんなが共通のイメージを持てるように、戸外遊びでも『三びきのこぶた』を取り入れて、繰り返し遊びましょう。鬼ごっこの他、楽器遊びなどでもよいでしょう。日頃の保育や遊びを、そのまま発表会につなげていけるようにします。発表会当日は、おうちの人に劇を見てもらったり、歌を聞いてもらったりします。

1・2・3月 保育の展開

健康・安全

冬の健康管理

冬は寒さで免疫力が下がるうえ、感染症が流行する時期です。手洗い、うがいをしっかり行うだけでなく、衣類の調整や室内環境の整備などにも配慮していきます。

❀ 手洗い、うがいは視覚的に伝える

3歳児には、視覚に訴える伝え方が効果的です。健康管理の基本として、手洗い、うがいは正しい方法をしっかりと身につけたいものです。手の洗い方、うがいのしかたを、イラストで表して水道の前に貼っておきます。子どもたちは、絵を見ながら「手は、指の間まで洗う」「口をゆすいでから、うがいをする」など、正しい方法を知り、実践していきます。

❀ 衣服の調節や薄着の習慣をつける

子どもたちは、園庭を走り回って遊ぶので、寒い季節でも汗をかきます。暑くなったら長袖を脱ぐように声かけをします。保護者にも、クラスだよりなどで遊びの様子を伝え、厚着になり過ぎないよう、お願いします。また、3歳児は半ズボンの下にスパッツを一枚履いただけでも、トイレに間に合わなくなってしまうことも。ふだんの様子をこまめに伝えて、脱ぎ着がしやすい服装を心がけてもらいましょう。

🌸 室内の加湿と換気を行う

空気の乾燥する季節は、加湿器をつけ、感染症の予防をします。また、1時間に1回程度窓を開け、換気をすることを心がけます。

🌸 感染症の情報や対応を共有する

感染症の流行情報を把握するとともに、毎日の欠席人数、欠席理由を全クラスの担任保育者間で情報共有し、欠席状況を確認します。欠席が多くなってきたら、園で多い欠席理由を保護者にも伝え、同じような症状が見られる場合は、休息をとることや病院での受診をお願いしましょう。

子どもたちが、おう吐や下痢をしたときの対処方法も全職員が把握しておくようにします。処理セットは通園バスの中や各トイレにも設置しておきます。また、おう吐物などで汚れた衣服は、感染拡大を防ぐため洗わずにビニール袋に入れて密閉し、持ち帰ってもらうことを、あらかじめ保護者に伝え理解してもらいます。

🌸 家庭との連携を密に行う

保護者には毎日検温をしてもらい、子どもたちが押印する出席ノートに体温を記入してもらいます。気になることがあれば、連絡帳で知らせてもらいましょう。保育者は、それらを見たり、視診をしたりして、子どもたちの体調を把握していくようにします。降園時には、園での様子を保護者に伝えます。

1・2・3月 保育の展開

みんなでつくるお誕生会

園の誕生会では、学年やクラスが「誕生会当番」として、司会や飾りつけなどを担当します。3歳児全体での誕生会当番の経験を経て、クラスの子どもたちだけで当番活動を行います。

🌸 どんな会にするか、みんなで話し合う

初めてクラスの子どもたちだけで誕生会当番を行う、3月の誕生会に向けて、準備を始めます。「3月は春だね」「春になったら眠っていた動物が起きるよ！」という子どもたちの声から、飾り付けのテーマは、「冬眠から起きた熊などの動物や昆虫」に決定。「春にはお花もあるから、お花も飾ろう」というアイデアも出て、花作りをすることも決まりました。

また、各クラスを紹介する司会役、プレゼントを紹介する役、誕生児にプレゼントを渡す順番なども決めます。誕生会で役割をもつことに期待をもって、楽しく取り組めるように、子どもたち一人ひとりのやりたい思いを受け止めながら、みんなで話し合って決めていきましょう。

🌸 誕生会の飾りとプレゼントを作る

誕生児へのプレゼントとして、円形の紙に油性ペンで絵を描き、ぶんぶんごまを作ります。

また、絵の具で動物や昆虫、花などの絵を描き、誕生会の飾りにします。筆の使い方を再確認しながら子どもがのびのび表現できるように関わります。

前日になったら「おたんじょうびおめでとう」の文字とともにステージに飾り、誕生会への期待を高めていきます。

役割の練習をしよう

　本番に備え、ホールでそれぞれの役割の練習をします。司会役は本物のマイクを使い、プレゼント渡し役は「おめでとう！」とお祝いの言葉も言えるよう、みんなで練習していきます。

いよいよ誕生会当日

　一人ひとりが自信をもって当番が行えるように気持ちを盛り上げ、練習の成果を発揮して、元気に誕生会の司会進行を行えるようにしていきましょう。不安な子どもには、無理のないよう、その子なりの参加のしかたを認めていきます。
　誕生会が終わったあとは、一人ひとりのがんばりを認め、伝えます。自分たちでできたという喜びは、大きな自信になります。この自信が進級への期待へとつながるようにしていきましょう。

1・2・3月 保育の展開

異年齢交流

お兄さん、お姉さんと遊ぼう

進級を控えた1月から3月は、積極的に異年齢交流を取り入れます。お兄さん、お姉さんを身近に感じ、春には自分たちもお兄さん、お姉さんになるという期待を高めます。

公園にピクニックに行こう

4、5歳児と手をつないで、弁当を持って公園までお散歩します。交通ルールは5歳児がリードして教えてくれます。

公園に着いたら、広場で手つなぎ鬼などの鬼ごっこをしたり、草花、虫などの春探しをしたり、気持ちのよい風の中弁当を食べたりして楽しみます。

もうすぐ自分たちがお兄さん、お姉さんになることに期待を弾ませながら、楽しい思い出を作ります。

手つなぎ鬼
5歳児と手をつなぎながらルールを教わって、鬼になって楽しみます。5歳児も3歳児を気遣って手をつないでくれます。

外で食べるお弁当
いつもは給食の子どもも、調理師さんが作ってくれたおにぎり弁当に大喜びです。

お兄さん、お姉さんの保育室でいっしょにご飯を食べよう

弁当・給食の時間には、4、5歳児のお部屋にお呼ばれ。次はどこのクラスになるのかな、などワクワクしながら、4、5歳児といっしょにおいしくご飯を食べます。

お兄さん、お姉さんが準備している姿を見て、まねしてみたり、いっしょに牛乳をコップに注いだりして、まるでお兄さん、お姉さんの仲間入りをしたような姿が見られます。

お別れ会

年長さんともうすぐお別れ

かっこよくて優しくて、大好きなお兄さん、お姉さん。卒園を前にお別れ会を行い、感謝の気持ちを伝えたり、最後にたくさん遊んでもらったりして、楽しい思い出を作ります。

🌸 お兄さん、お姉さんがもうすぐ卒園……

　5歳児がもうすぐ卒園して、小学生になることを伝え、子どもたちの思いを引き出していきます。「ありがとう」「忘れないでね」と伝えたい、プレゼントをあげたいという思いには、色画用紙にビーズや型抜きした折り紙などを貼った冠を作ってプレゼントにするなど、子どもたちの思いに共感しながら、お別れ会につなげていきます。

🌸 お別れ会＆ホットドッグパーティー

　ホールでは、卒園する5歳児に一人ひとりが手づくりのプレゼントを手渡し、感謝のメッセージを伝えます。その後、5歳児からの歌のプレゼントをみんなで聴きます。
　お別れ会の後は、園庭に大きなブルーシートを敷いて、ホットドッグパーティーをします。全園児で集まって、園長先生と保護者が作ってくれたホットドッグと焼きそばパンを食べます。いっしょに遊びたい、絵本を読んでもらいたいという3歳児の思いにこたえ、5歳児が選んだ絵本をパーティー後の食休みに読んでもらったり、園伝統の「大地踊り」を披露してもらったりします。

● 要領・指針の改訂（定）と指導計画 執筆　　（掲載順／肩書きは執筆当時のもの）
　神長美津子（國學院大學 人間開発学部子ども支援学科 教授）
　渡邉英則（学校法人渡辺学園 港北幼稚園 園長、認定こども園 ゆうゆうのもり幼保園 園長）
　鈴木八重子（元 文京区立保育園 園長）

● 指導計画、保育の展開 執筆　　（肩書きは執筆当時のもの）
　学校法人双葉学園 認定こども園 北竜台ふたば文化
　（園長 浅田精利、副園長 榎本怜子、
　　認定こども園 北竜台ふたば文化のスタッフ）

カバーイラスト	カモ
カバー、CD-ROMデザイン	株式会社リナリマ
本文イラスト	三浦晃子、石崎伸子、坂本直子、町塚かおり、もりあみこ
本文校正	有限会社くすのき舎
CD-ROM製作	株式会社ケーエヌコーポレーションジャパン
編集協力	株式会社エディポック
本文デザイン・DTP	松崎知子、株式会社エディポック
編集	井上淳子、西岡育子、田島美穂、石山哲郎

役立つ！書ける！ 3歳児の指導計画
平成30年度施行 要領・指針対応　　CD-ROM付き

2018年2月　初版第1刷発行
2022年1月　　　第4刷発行

著　者　3歳児の指導計画 執筆グループ
発行人　大橋 潤
編集人　西岡育子
発行所　株式会社チャイルド本社
　　　　〒112-8512　東京都文京区小石川5-24-21
　　　　電話　03-3813-2141（営業）
　　　　　　　03-3813-9445（編集）
　　　　振替　00100-4-38410
印刷・製本　共同印刷株式会社

©Child Honsha Co.,LTD. 2018 Printed in Japan
ISBN978-4-8054-0269-6
NDC376　26×21cm　160P

■乱丁・落丁本はお取り替えいたします。
■本書の無断転載、複写複製（コピー）は、著作権法上での例外を除き禁じられています。
■本書を代行業者等の第三者に依頼してスキャンやデジタル化することは、たとえ個人や家庭内の利用であっても、著作権法上、認められておりません。

【CD-ROMに収録されているデジタルコンテンツの使用許諾と禁止事項】
・本書付属のCD-ROMに収録されているデジタルコンテンツは、本書を購入された個人または法人が、その私的利用の範囲内においてお使いいただけます。
・本コンテンツを無断で複製して、第三者に販売・貸与・譲渡・頒布（インターネットを通じた提供も含む）することは、著作権法で固く禁じられています。
・本CD-ROMの図書館外への貸し出しを禁じます。

チャイルド本社ホームページ
https://www.childbook.co.jp/
チャイルドブックや保育図書の情報が
盛りだくさん。どうぞご利用ください。